図解 わかる

相続・相続税

税理士
藤井 和哉 監修

新星出版社

相続税はどんなものにかかるのか？

「財産として評価されるもの」すべてに関して相続税はかかります。

被相続人の相続税のかかる財産（相続財産）

【その他】
ゴルフ会員権、書画・骨とう品、公社債、死亡退職金、生命保険、貴金属など

「相続財産として評価されるもの」
　　　＝
「お金に換算できるとみなされるもの」

と考えるとわかりやすいでしょう。

どんな財産かによって、また、その財産をどのように使っているかによって、評価の仕方は異なってきます。

土地の評価	自用地（自分の所有している土地）の場合	【市街地】土地1㎡当たりの価格に面積をかけて算出（路線価方式）。 【郊外地】固定資産税評価額に国税庁が定めた倍率をかけて算出（倍率方式）。
	貸宅地（他人に貸し付けている土地）の場合	「自用地の評価額に借地権割合をかけて算出した額」を「自用地の評価額」から差し引いて算出。
	貸家建付地（所有地に家屋を建て、他人に貸し付けている土地）の場合	「自用地の評価額に借地権割合と借家権割合をかけて算出した額」を「自用地の評価額」から差し引いて算出。
家屋の評価	自用家屋の場合	固定資産税の評価額がそのまま相続税の評価額となる。
	貸家の場合	「自用家屋の評価額に借家権割合をかけて算出した額」を「自用家屋の評価額」から差し引いて算出。
株式の評価	公開株式の場合	次の（1）～（4）のうち最低値で評価 （1）被相続人の死亡日の終値 （2）被相続人の死亡月の終値の平均値 （3）被相続人の死亡前月の終値の平均値 （4）被相続人の死亡前々月の終値の平均値
	未公開株式の場合	会社の規模を大・中・小に区分して次の（1）～（4）のいずれかで評価 （1）類似業種比準価額方式 （2）純資産価額方式 （3）（1）と（2）の方式の併用 （4）配当還元価額方式
預貯金の評価		死亡日の元本＋解約利子の手取額
死亡退職金、生命保険の評価		受取額－控除額（500万円×法定相続人数）
ゴルフ会員権の評価		通常価格のおよそ70％相当額
書画・骨とう品の評価		精通者意見価額および売買価額

誰がどれくらい相続できるの？

財産の分け方でトラブルが起こらないように、相続人になれる人、その順序などが民法で定められています。

原則として第一〜第三のうち、順位の高い人がいた場合、順位の低い人は遺産はもらえない。

第二順位（直系尊属）
祖父母は父母が亡くなっているとき相続できる。

祖父母

父母

兄弟姉妹

配偶者

被相続人

おい
めい

配偶者はいかなる場合でも相続人になることができる（相続においてもっとも優遇される立場にある）。

第三順位（直系卑属）
おい、めいは兄弟姉妹が亡くなっているとき相続できる

子

孫

第一順位（直系卑属）
孫は子が亡くなっているときに相続できる。

①②③について、民法で定められている「法定相続分」にもとづいて被相続人の遺産分割を行うと次のようになります。

①配偶者と直系卑属が相続人

②配偶者と直系尊属が相続人 （直系卑属がいない場合）

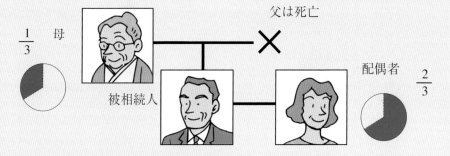

③配偶者と兄弟姉妹が相続人 （直系卑属、直系尊属がともにいない場合）

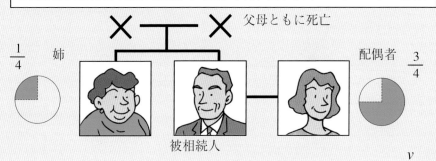

相続税を算出するまでのプロセスは？

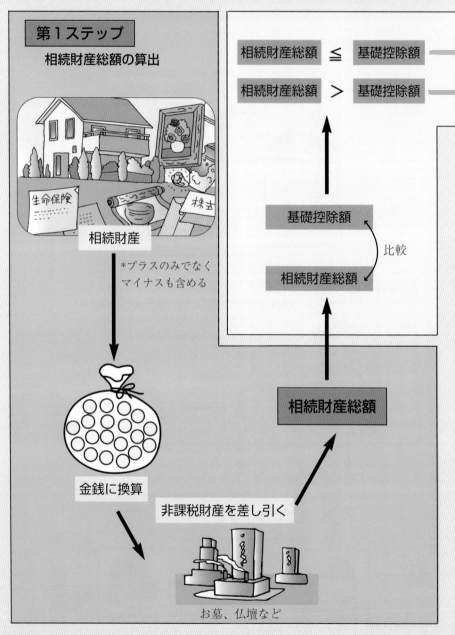

第1ステップ

相続財産総額の算出

生命保険

株式

相続財産

*プラスのみでなく
　マイナスも含める

金銭に換算

非課税財産を差し引く

お墓、仏壇など

相続財産総額 ≦ 基礎控除額

相続財産総額 ＞ 基礎控除額

基礎控除額

相続財産総額

比較

相続財産総額

実際に納付すべき相続税額を算出するための工程としては、大きく3つのステップに分けることができます。

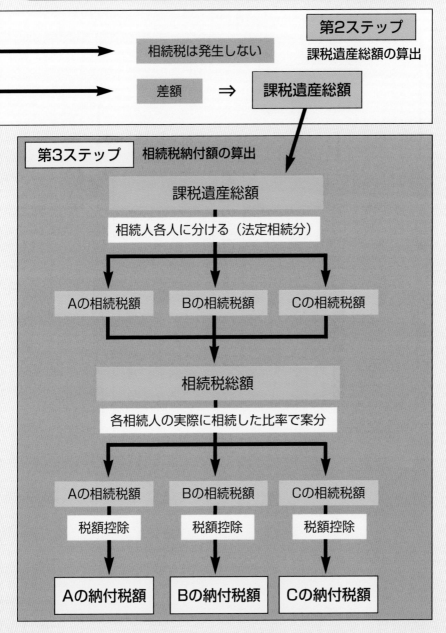

第2ステップ
課税遺産総額の算出

相続税は発生しない

差額　⇒　課税遺産総額

第3ステップ　相続税納付額の算出

課税遺産総額

相続人各人に分ける（法定相続分）

Aの相続税額　Bの相続税額　Cの相続税額

相続税総額

各相続人の実際に相続した比率で案分

Aの相続税額　Bの相続税額　Cの相続税額

税額控除　税額控除　税額控除

Aの納付税額　Bの納付税額　Cの納付税額

相続の手続きの進め方は？

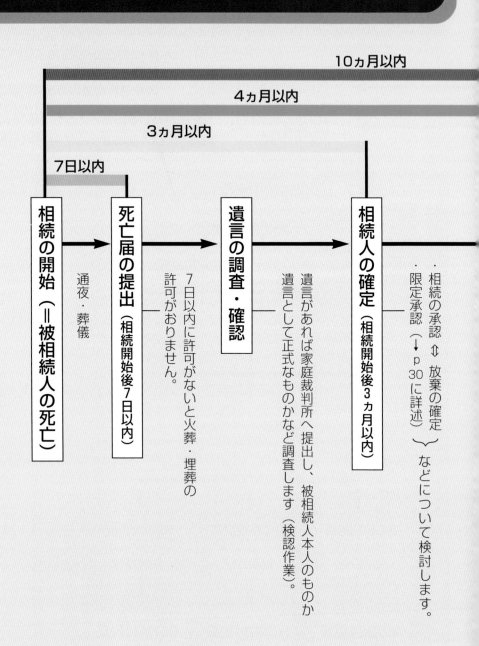

10ヵ月以内

4ヵ月以内

3ヵ月以内

7日以内

相続の開始（＝被相続人の死亡）

通夜・葬儀

死亡届の提出（相続開始後7日以内）

7日以内に許可がないと火葬・埋葬の許可がおりません。

遺言の調査・確認

遺言があれば家庭裁判所へ提出し、被相続人本人のものか遺言として正式なものかなど調査します（検認作業）。

相続人の確定（相続開始後3ヵ月以内）

・相続の承認 ⇕ 放棄の確定
・限定承認（→ p30に詳述）
などについて検討します。

相続手続を行う際には、提出書類、申告書類などが期限付きで決められています。遅れずに提出しましょう。

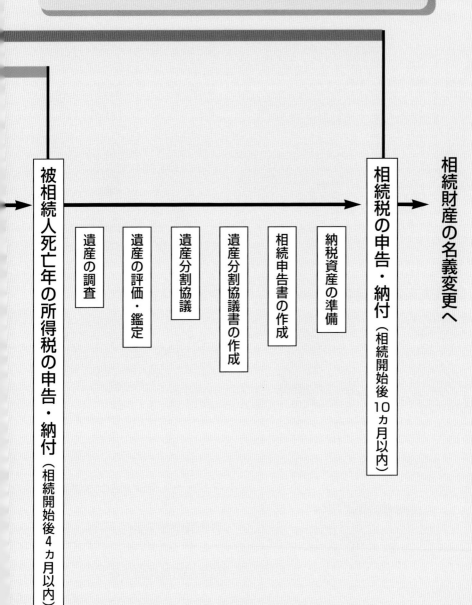

被相続人死亡年の所得税の申告・納付（相続開始後4ヵ月以内）

遺産の調査

遺産の評価・鑑定

遺産分割協議

遺産分割協議書の作成

相続申告書の作成

納税資産の準備

相続税の申告・納付（相続開始後10ヵ月以内）

相続財産の名義変更へ

相続税対策として有効な手段とは？

相続税対策として真っ先に思い浮かぶのが生前贈与ですが、手続や損得に関しては慎重に考えて行いましょう。

【生前贈与のいろいろ】

配偶者へ居住用財産を贈与

基礎控除とは別に2000万まで無税となる。

2000万

◎婚姻期間20年以上の夫婦に適用

非課税枠内での贈与をする

基礎控除分（1年に110万円）の贈与をする。
相続時精算課税制度を選択し、2500万円の贈与をする。

◎名義の変更を忘れないこと

養子を迎えて法定相続人を増やす

◎実子がいるときは養子1人、
　実子がいないときは2人まで

現金を不動産に変えておく

◎購入価格のおよそ80％の評価額

土地活用する

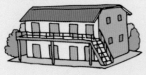

アパート・マンションを建てる

等価交換をする

信託銀行を利用する

遺言は、死後のトラブルを避けるために法的に認められるようにしておくことが肝要です。

【遺言のいろいろ（普通方式）】

自筆証書遺言

・自分自身（独りで）で書いた遺言書
・証人は不要

公正証書遺言

・証人立ち会いのもと公証人に書き取らせた遺言書
・保管は安全

秘密証書遺言

・証人・公証人立ち会いのもと公証人役場に提出し、認められた遺言書
・内容について秘密が保てる

他に死亡緊急時などのように普通方式で遺言を残せないような場合の遺言も認められています（特別方式）。

※注意
　被相続人の死後、遺言を見つけた場合は開封してはいけません。
　→検認作業を行うので家庭裁判所へ。

さまざまな税額控除について

財産を受けついだ人の事情を考慮して、税負担を少しでも軽くしようという考え方が税法にはあります。
税額控除は以下の場合に適用されます。

①家を買うために、父（被相続人）から死亡2年前に4000万円の援助を受けていた。

②家を買うために、父（被相続人）から死亡10年前に4000万円の援助を受けていた。

贈与税額控除

①相続開始以前※7年以内に被相続人から贈与を受けており、贈与税を支払った場合、相続税は控除される。
②相続時精算課税制度を選択しており、贈与税を支払った場合、相続税は控除される。　　※2024（令和6）年1月1日以降の贈与から適用。それ以前は3年。

配偶者の税額軽減

配偶者は相続税額が大いに軽減される｜法定相続分（→p 24）か1億6000万円以下であれば無税｜。

未成年者控除

未成年者については18歳に達するまでの年数に応じて1年につき、10万円を控除する。

障害者控除

障害者については、85歳に達するまでの年数に応じて1年につき*10万円を控除する。

*特別障害者の場合は1年につき20万円の控除額となる。

相次相続控除

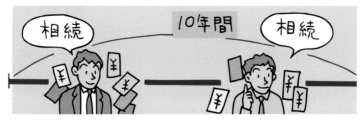

相続 10年間 相続

10年以内に、2回以上の相続があったとき、期間に応じて一定の金額を控除する。

外国税額控除

海外にあるマンションを相続した場合など。

海外にある財産を相続し、その国に相続税を納付しているときは、一定の金額を控除する。

疑問を一つ一つ解決していくことで知識が次第に体系化されていきます。相続税について学びましょう！

どのくらいの財産に
相続税がかかるの？

→ p. 20

誰が相続できるの？

→ p. 14

亡くなった人の貯金は
すぐに下ろせないの？

→ p. 223 〜

自分の相続財産って
どれくらいあるんだろう？

→ p. 40 〜

相続税の申告書は
どう書けばいいの？

→ p. 172 〜

相続人がいない場合
財産はどうなるの？

→ p. 29

アパート・マンションを建てると
メリットは本当にあるの？

→ p. 128 〜

相続税って
どうやって納めるの？

→ p. 164 〜

相続税を
安くする方法ってあるの？

→ p. 114 〜

相続税って何？

→ p. 12

→ p. 196

遺産の名義は
どう変更するの？

財産ってどうやって
分配するの？

→ p. 24 〜

相続税ってどう
算出するの？

→ p. 88 〜

義理の父を介護しても
何ももらえないの？

→ p. 223 〜

遺言はどうやって
書けばいい？

→ p. 206 〜

本書の構成をつかんでおきましょう

この本では以下の流れに沿って解説していきます。相続税を納付するまでには、さまざまな手順があるので注意が必要です。実際にどのような準備が必要なのか、1つ1つ確認しながら理解を進めていきましょう。

Sec 1　早わかり　相続・相続税　　　　p.11 〜 p.38
相続税の全般、基礎知識について解説します。

Sec 2　財産の評価の仕方　　　　p.39 〜 p.84
税金の対象となる財産の評価のし方（換金法）について解説します。

Sec 3　相続税の計算の仕方　　　　p.85 〜 p.112
相続財産を各相続人に分配し、実際に納付するまでの手続きについて解説します。

Sec 4　相続税対策の基本　　　　p.113 〜 p.162
生前贈与など相続税を安くするまでの、ノウハウについて解説します。

Sec 5　申告手続きの仕方　　　　p.163 〜 p.204
税務所へ行って実際に相続税を納める際に必要となる書類の書き方について解説します。

Sec 6　遺言の書き方と効力　　　　p.205 〜 p.222
遺言によって、もたらされる効果について解説します。

はじめに

　読者の方の中には、『相続』の問題は自分とそれほど関係がない（相続税がかからない）と思われている方もいるかもしれません。

　その方たちは「そんなに資産がないし…」「家があるだけだし…」と思っている人が大半でしょう。しかし『相続』とは、資産がある人だけが関係するのではありません。どんな形でも『相続』はやってくるのです。

　たとえば、中小企業で借金の保証人に社長自らがなっている場合、個人商店の人で多くの借金がある場合などがあります。この場合は財産の把握をし、場合によっては『相続放棄』をしなければなりません。また、資産を持っている方はそれこそ「見えない借金（相続税）を背負っている」ということになります。気がつかなかった、知らなかったなどと言い訳は通用しませんから、いざというとき多額の税金を払うことになるかもしれません。そのようなことがないよう、今後に備えて本書で正しい知識を身につけましょう。

　相続税はややこしいので、いざとなったら専門家に任せる、という考えの人も少なくありません。それもひとつの方法ですが、専門家を頼る前に、事前準備をしておくことも必要でしょう。

　そのために本書があります。いざというときのために一通りの知識を得ておいて、わからないことや疑問に思うことがあったり、気になることがあったりしたときに専門家に聞くというのが賢明な方法です。

　また、日本もその時々で大きな税制改正が行われます。税制も国の諸事情でいろいろ変化するのです。

　本書は、最新の情報を、できるだけ要領よく簡潔にと心がけました。ぜひご活用ください。

税理士・藤井和哉

※本書は、『図解　わかる　相続税』（金井　浄監修／2000年8月15日初版発行）を加筆・修正し、最新情報をもとに改訂したものです。

本書の使い方

（本書の内容は、令和元年5月31日現在の情報を基に作成しています）

本書は効率的に理解できるよう以下のような工夫をしています。

●本書の特徴

①図解で内容理解の手助けを

左ページの内容について図表を用いて、わかりやすくまとめたり、例示したり、補足説明したりしています。

②キーコンセプトでテーマごとの概要を紹介

左ページの冒頭に *Key Concept* として内容を簡潔にまとめてあります。概略をつかんでおくことで理解がよりスムーズに進みます。

③キーワードリンク方式

⇒ のページを読むとそのことがらについてさらに認識を高めることができます。

●本文ページ

Section1　早わかり　相続・相続税

⑨ 相続を放棄する

Key Concept
もし被相続人の負債が大きく、相続財産を上回る額になるようなら、相続を拒否することもできます。

相続財産はプラスのものだけに限らず、負の遺産もあります。財産だけ相続して借金は受けつがないというムシのいいことは認められていません。財産といっしょに、借金も相続しなければならないのです。

そこで、財産を受けつぐかどうかの判断は、相続人に任されているのです。財産を受けつぐことを「相続承認」といい、財産の受けつぎを拒否することを「相続放棄」といいます。

「相続の放棄」は、相続人が相続の開始を知ってから3ヵ月以内に、相続権の放棄の申し立てを家庭裁判所にします。受理されたら「相続放棄申述受理証明書」を交付してもらえるので、被相続人の残した借金に対して取り立てを受けた場合にもこれに対抗できます。その相続人は、いなかったものとして残りの相続人で遺産を分割します。

被相続人が亡くなったときに、財産や負債がどれくらいあるか、すぐにはわからないケースもあります。こんなときは、「限定承認」という方法もあります。相続した資産を限度として、被相続人の借金を負担するという相続の承認です。この場合は清算したあとに負債が残っていても、支払う義務はありません。

限定承認も、相続開始3ヵ月以内に手続きをしなければなりません。しかも、相続人全員が一致して家庭裁判所に申し立てしないと認められません。

相続放棄は、相続人ひとりひとりの自由裁量に任されていますから、1人だけで行ってもかまいません。相続放棄をしたとき、代襲相続はありません。だから、被相続人の子供が相続放棄したとき、その子供、被相続人から見て孫が相続人になることはないのです。

財産を相続しないだけなら、手続きは簡単です。本来もらえるものをほかの相続人に譲るわけですから「遺産分割協議書（→p170）」を作って、相続人全員が署名押印すればいいのです。

30

●相続放棄したときの遺産の分け方

相続分＝1/2

相続分＝1/6　相続分＝1/6　相続分＝1/6

子供C　子供B　子供A

子供Cが相続放棄

相続分＝1/2

相続分＝0　相続分＝1/2×1/2＝1/4　相続分＝1/2×1/2＝1/4

子供C　子供B　子供A

相続において、子供Cははじめからいなかったものとみなされる。

相続承認→普通に財産を受けつぐこと
相続放棄→財産の受けつぎを拒否すること
限定承認→相続によって得た資産を限度として被相続人の負債を負担する相続方法

Section 1

31

④アンダーラインで注意を喚起

　注意を促したい箇所はアンダーラインをひいてあります。理解に役立ててください。

⑤法改正／相続　ここをチェック!!

　セクションの終わりに、「法改正／相続　ここをチェック!!」を設けました。ここではセクションで書ききれなかった内容、最新情報、また重要なところの再確認的な内容を掲載しています。

読み終わったころには、相続や相続税についての知識がかなりついているはずです。

●法改正／相続　ここをチェック!!

法改正 ここをチェック!!

空き家問題に関する法改正！

●税理士からの一言

　近年、空き家の数が増加しています。総務省統計局の「平成30年住宅・土地統計」によると、2018年の空き家数（全住宅に占める空き家率）は約849万戸（13.6%）で、年々増加傾向にあります。

　空き家の増加に伴い、固定資産税の滞納や景観の悪化、防災、防犯機能の低下、ゴミの不法投棄、火災、悪臭の発生などの問題が生じており、今後も少子高齢化や人口の減少により増え続けることが予想されます。そうした状況を踏まえ、政府も空き家対策に本腰を入れ始めたわけです。

　今回は空き家問題などに関連して、近年改正された下記の3つを紹介します。

改正① 遺産分割協議の長期化対策！

　遺産分割協議が長期化すると、相続人の数が増えたり、一度も会ったことのない人が相続人になったりすることがあるため、協議がより難航します。そこで、特別受益および寄与分については、それらを主張する期限を相続開始時から10年とする法改正がなされました（令和5年4月1日施行）。10年を経過すると、遺産分割は法定相続分によることになります。したがって、特別受益や寄与分を主張する人は、その権利を主張することができなくなっ

36

てしまうおそれがあります。ただし、下記の例外規定があります。

①10年経過前に、家庭裁判所に相続人が遺産分割請求をしたケース。

②10年経過前6ヶ月以内に、遺産分割請求をすることができないやむを得ない事由があった場合、当該事由が消滅したときから6ヶ月経過前に家庭裁判所に当該相続人が遺産分割請求をしたケース（ただし、このやむを得ない事由は、相続人が行方不明なケースしか認められないでしょう）。

③10年経過後に、法定相続分による遺産分割ができるにもかかわらず、相続人全員が具体的相続分による遺産分割に合意したケース（ただし、10年経過しているにもかかわらず、こうした合意に至れるケースは稀かもしれません）。

④すでに2023（令和5）年4月1日現在において相続発生後、10年が経過しているにもかかわらず遺産分割協議が成立していないケース（すでに10年を経過していますが、施行後、5年以内であれば特別受益および寄与分に関する権利を主張することができます）。

改正② 相続登記が義務化された！

　所有者不明土地の発生等を予防することなどの観点から不動産登記制度が見直され、相続登記が申請義務化されることになりました（令和6年4月1日施行）。相続や遺贈により不動産を取得した相続人に対し、相続開始があったことを知り、かつ当該不動産を取得したことを知った日から3年以内に相続登記の申請を義務づけるものです。正当な理由なく相続登記をしなかった場合には、10万円以下の過料が科されることになります。ここでいう正当な理由は遺言の有効性が争われている、相続人が重病であるといった稀なケースが考えられます。

　したがって、今後の相続登記は下記の4パターンになるでしょう。

①3年以内に遺産分割協議をまとめ、相続登記をする。

②3年以内に遺言書の内容を踏まえて登記をする。

③なかなか遺産分割がまとまらない場合は、3年以内にひとまず法定相続の

Section 1

37

CONTENTS

Section2　財産の評価の仕方　　　41

Section3　相続税の計算の仕方　85

Section4　相続税対策の基本　　　113

Section5　申告手続きの仕方　163

Section6　遺言の書き方と効力　　205

※本書は2023年3月末日時点の情報に準拠しております。申告書類ほか、最新情報につきましては国税庁ホーム
　ページなどをご確認ください。

参考文献　「納税通信」エヌピー通信社／「週間税務通信」税務研究会／「バードレポート」
　　　　　バード財産コンサルタンツ
本文イラスト　飛鳥幸子

早わかり　相続・相続税

　実際に相続税額をはじき出してから、納付するまでには、いろいろと面倒なことが多くあります。

　しかし、いきなりそうしたことに取りかかると頭の中が整理されないで、混乱してしまう恐れがあります。

　ですから、この章では、相続に関する基本的知識と相続税とはいったいどんな税金で、誰にどのようにかかってくるのか？　といったことから説明していきます。

相続税とはどんな税金か？

Key Concept

相続税とは人が亡くなったとき、その財産を受けついだ人が、支払う税金です。取得財産の価額をベースに課されます。

　相続税とは、亡くなった人の財産を受けついだときにかかる税金です。相続税について説明する前に、税の種類について見ておきましょう。

　まず、税金は国税と地方税に分けられます。国税は国がかける税金、地方税は都道府県や市区町村がかける税金です。

　また、税金の種類もさまざまです。所得・消費・資産の３つに税金をかけるのが、税制の基本です。相続税は国税で資産（財産）にかかる税金といえます。

【税金の種類】

	所得にかかる	資産にかかる	消費にかかる	その他にかかる
国税	所得税 法人税	相続税 贈与税	消費税 酒税 関税 石油ガス税	登録免許税 印紙税 自動車重量税
地方税	都道府県民税 事業税	固定資産税 自動車税	たばこ税 地方消費税 ゴルフ利用税	不動産所得税

　では、なぜ相続税がかかるのでしょうか。それは３つの理由で説明されています。

【相続税がかかる理由】
① 富の過度の集中を抑制し、社会に再分配する。
② タダで得た不労所得に税金をかける。
③ 生前に受けた税制上の特典などによる負担の軽減を再点検する。

　税金をかけなければ、大金持ちの子供は生まれながらにして大金持ちで、貧しい家に生まれた人は、一生あくせく働かなければならない。それでは不公平という考え方があるわけです。そこで財産を受けついだ者は、一部を税金で納めて、社会に還元することを義務づけたわけです。

　また、ひとつの考え方として、財産が多く残った人は、生存中に所得税の徴収が足りなかったのではないか？　というものがあります。たとえば、土地を所有していたケースを考えてみましょう。生前に土地を売却すれば、譲渡益にかなりの所得税がかかります。しかし、たとえ土地が値上がりしても、売却しない限り税金はかかりません。これを課税もれとする考え方があるのです。そこで、相続税で、最後に精算しようというのです。**相続税は所得税の補完税**といわれるゆえんです。

●税金をグループ分けしてみよう！

　税金は大きく分けると、国税と地方税に分けられますが、ほかにも、直接税と間接税に分けることもできます。

【直接税と間接税】

直接税	法人税・所得税・**相続税**・固定資産税など
間接税	消費税・酒税・たばこ税など

　また、税金は普通税と目的税に分けることもできます。普通税は、使用目的を決めずに、一般的な財源としてかけられる税金です。目的税とは、使い途に目的がある税金のことです。

【目的税のいろいろ】

国税	地方道路税・電源開発税など
地方税	水利地益税・自動車取得税・都市開発税・宅地開発税など

相続人には誰がなるか？

Key Concept

亡くなって財産を残す人を"被相続人"といい、その遺産を受けつぐ人を"相続人"といいます。

　人が亡くなったとき、財産の分け方でトラブルがおこらないように、相続人になれる人、相続人の順位などが民法で定められています。これを**法定相続人**といいます。

　相続人になれるのは原則として、身内に限られています。ただ、身内といっても、おじやおば、おいやめいなど範囲は広がっていきますが、そこには制限があります。

　まず、**配偶者**はいかなる場合でも相続人になれます。そして以下の人たちが①～③の順に相続人になります。

【相続人の順位】

① 被相続人の**直系卑属**（子・*孫）

② 被相続人の**直系尊属**（父母・*祖父母）

③ 被相続人の**兄弟姉妹**

　　　*孫は子が、祖父母は父母が亡くなっているとき相続できます。

　ここで大切なことは①～③のうち順位の高い相続人がいた場合、順位の低い人は遺産は全くもらえないということです。たとえば、被相続人に子供がいた場合（子供が死亡しているが、孫が生存している場合）は、父母や兄弟姉妹は遺産をもらう権利はありません。兄弟姉妹が遺産をもらえるのは、被相続人に子供や孫や父母がいないケースだけに限られます。

　相続人になれるのは配偶者と①～③の人たちだけです。原則的に被相続人のおじやおば、いとこが相続人になることはありません（おい、めいは**代襲相続**（→ p16）によって相続できる場合があります）。

　配偶者はいつでも相続人になるわけですから、第一順位の子供がいるときは配偶者と子供で遺産を分け合います。兄弟が相続人になった場合でも、兄弟といっしょに相続することになります。前述の①～③の血族相続人が

いないときは、遺産のすべてが配偶者にいくことになります。

　配偶者が相続人として認められるのは正式に婚姻届が出されている場合だけです。長年夫婦同様に暮らしていても、法律上の届出をすませていない場合は相続人として認められません。

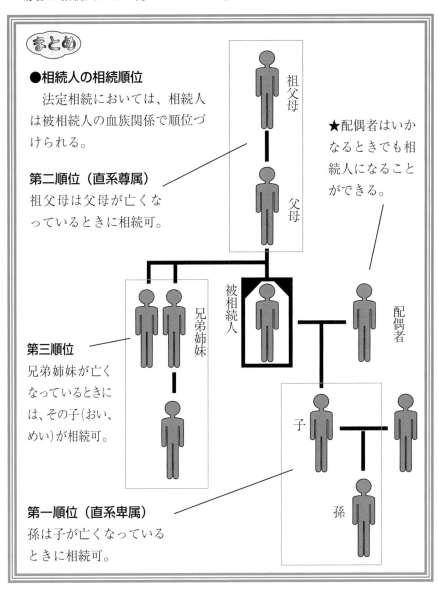

まとめ

●相続人の相続順位

　法定相続においては、相続人は被相続人の血族関係で順位づけられる。

第二順位（直系尊属）
祖父母は父母が亡くなっているときに相続可。

祖父母

父母

★配偶者はいかなるときでも相続人になることができる。

被相続人

配偶者

第三順位
兄弟姉妹が亡くなっているときには、その子(おい、めい)が相続可。

兄弟姉妹

子

孫

第一順位（直系卑属）
孫は子が亡くなっているときに相続可。

③ 相続する人が亡くなっていたら？

Key Concept

相続するべき人が、相続する前に亡くなっていた場合、その人に子供がいればその子供が代わりに相続できます。

　被相続人より先に、相続する人間が亡くなっていたら、その子供が代わりに相続することができます。これを**代襲相続**といいます。

　たとえば第一順位の相続人である子供が、被相続人より先に亡くなっているときは、亡くなった子供の子供、つまり孫が代わりに第一順位の相続人になるのです。もし、孫が亡くなっていれば、ひ孫が代襲できます。**直系卑属**（→ p14, 15）の場合は、制限なく代襲されます。

　孫やひ孫に代襲されれば、第二順位の父母、第三順位の兄弟姉妹には、相続権は生じません。

　被相続人の直系卑属も直系尊属もともに亡くなっている場合、兄弟姉妹

まとめ ●代襲相続のさまざまなケース

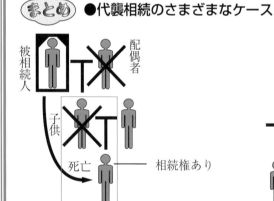

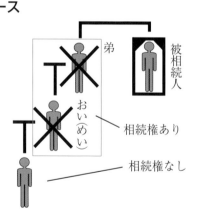

直系卑属の無制限代襲

　子が亡くなっていたら孫、孫が亡くなっていたらひ孫というように、相続権は制限なく代襲される。

兄弟姉妹の代襲相続

　被相続人の兄弟姉妹もおいもめいも死亡していて、おいの子供がいる場合。
→その子供には代襲相続権はない。

が相続人になります。もしその兄弟姉妹が亡くなっていたら、その子供（被相続人から見たらおいやめい）が相続人になります。これも代襲相続といいます。ただし、兄弟姉妹の場合には、代襲はその子供の段階で打ち切られてしまいます。おいやめいの子供にまでは代襲されません。

　兄弟姉妹の方にも制限なく代襲を認めてしまうと、被相続人の見知らぬ人間まで相続権が移ってしまうからです。

　直系尊属の場合はどうでしょうか？　代襲相続とは、親から子、子から孫、というように直系卑属へ向けての相続であり、直系尊属には適用できません。直系卑属がなく、被相続人の父母や祖父母が健在の場合、最も近い血族の父母が第二順位の相続人にはなります。

　また、父母ともに死亡している場合は生存中の祖父母が、第二順位の相続人になります。

　代襲相続は、「相続の欠格（➡ p18）」や「相続の廃除（➡ p19）」によって当該相続人が相続の権利を失ったときでも生じます。

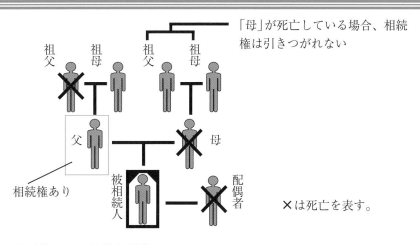

「母」が死亡している場合、相続権は引きつがれない

祖父　祖母　祖父　祖母

父

相続権あり

被相続人

母

配偶者

×は死亡を表す。

直系尊属には代襲相続権はない

　被相続人に子供がなく、父母が健在のとき、その父母に相続権が生じる。また、父母ともに死亡している場合には、生存中の祖父母が相続人になる。

相続人になれないケース

> **Key Concept**
> 遺産目当てに、非合法なことが行われた場合、その人は相続の権利を失います。犯罪に歯止めをかけるためでもあります。

　遺産が欲しいために、相続人になれる立場にある人間が、被相続人を殺害したとします。このような人間に遺産を相続させるのは、あまりに不合理です。そこで、このようなケースでは相続人の資格ははく奪されることになっています。これを「相続の欠格」といいます。「相続の欠格」になるのは、下の①～⑤のような非合法が行われたときです。ひとつでも当てはまるようなことが行われたときは、相続人にはなれません。

　被相続人が遺言の中で、相続人に遺言（→ p206）の意思を示したとしても、相続の権利は失効します。

【相続の資格を失ってしまうケース】

① 被相続人や、自分より優先的に相続できる立場の人間を故意に殺害して刑罰を受けたとき（未遂も含む）。

② 被相続人が殺害され、そのことを知っていながら、告訴・告発しなかったとき。

③ 被相続人の遺言を偽造したり変造したとき。または、破棄・隠匿したとき。

④ 詐欺や脅迫などで、被相続人に遺言させたり、遺言の変更や取消しを強要したとき。

⑤ 詐欺や脅迫などで、被相続人が遺言しようとするのを妨げたり、変更するのを妨げたりしたとき。

「相続の欠格」ほどではないにしろ、相続人の行いに問題があったとき、被相続人の意思によって相続の資格を奪うことができます。これは、「相続の廃除」といわれています。

相続の廃除は、遺留分（➡ p26）のある配偶者、子供、父母などに認められます。兄弟姉妹には遺留分がありませんから、相続の廃除はできません。

相続の廃除をするには、家庭裁判所に申し立てをします。廃除が認められたときは、その内容が戸籍に記されます。

●次の人たちに相続の権利はあるの？

〈胎児は相続できるの？〉

被相続人が亡くなったとき、配偶者のおなかの中の胎児にも、相続権は認められています。ただし、生きて生まれてきた場合だけで、死産のときは認められません。胎児がいるケースでは、いないものとして相続税額を計算し、生まれた場合には4ヵ月以内に更正の請求をすることができます。

〈愛人との間の子供は相続できるの？〉

夫婦の間に生まれた子供を嫡出子といいます。一方、結婚していない男女の間に生まれた子供を、非嫡出子といいます。非嫡出子も相続の権利は認められますが、認知されていることが条件になります。

〈離婚した配偶者の子供は相続できるの？〉

被相続人と再婚した妻が、先夫との間にもうけた子供は、被相続人の子供ではないので、相続人にはなれません。もし、その子供に相続させたければ、被相続人と養子縁組するか、遺言に書き記すことです。

また、被相続人と先妻との間にできた子供は相続できます。

⑤ どれくらいの財産に相続税がかかるか？

> **Key Concept**
>
> 相続税は、一定の額を超えて初めて発生します。基礎控除額は
> 3000万円＋（600万円×法定相続人数）です。

　残された財産の額が同じであっても、相続人の数によって、税額は変わってきます。また、相続順位によっても違ってきます。

　ただし、一定の額までは相続税は発生しません。これを基礎控除額といいます。基礎控除額は、3000万円に600万円×法定相続人の数を足した額です（下の表参照）。

　たとえば夫が亡くなって、相続人が妻と子供2人の場合、基礎控除額は4800万円になります。夫の遺産が4800万円より多いときは、課税されて、4800万円以下のときは課税されないことになります。

　法定相続人の中に、配偶者がいれば相続税の計算の仕方は大きく変わってきます。配偶者には、相続税の軽減措置が設けられているからです（→p100）。

　基礎控除のほかに、亡くなった被相続人の生命保険金や死亡退職金にも、法定相続人1人当たり500万円の控除があります。未成年者控除や障害者控除などもあり、税額はケースによって大きく違ってきます。次のページで、参考までに相続税の概算表を示しました。

【いくらまでの財産なら相続税はかからないか？】

基礎控除額＝3000万円＋（600万円×法定相続人数）

```
        0人 →  基礎控除額＝3000万円
        1人 →     〃    ＝3600万円
        2人 →     〃    ＝4200万円
        3人 →     〃    ＝4800万円
        4人 →     〃    ＝5400万円
```

遺産額が同じでも、相続人の数が多くなればなるほど相続税の合計額は少なくなっているね。

【相続税概算表】（ほかの控除がない場合）

遺産額		8000万円	1億円	2億円	3億円	5億円	10億円
配偶者と子供1人	配偶者	万円 0	万円 0	万円 0	万円 0	万円 0	万円 0
	子供	万円 235	万円 385	万円 1670	万円 3460	万円 7605	万円 19750
	計	万円 235	万円 385	万円 1670	万円 3460	万円 7250	万円 19750
配偶者と子供2人	配偶者	万円 0	万円 0	万円 0	万円 0	万円 0	万円 0
	子供A	万円 87	万円 157	万円 675	万円 1430	万円 3277	万円 8905
	子供B	万円 87	万円 157	万円 675	万円 1430	万円 3277	万円 8905
	計	万円 174	万円 314	万円 1350	万円 2860	万円 6554	万円 17810
配偶者と子供3人	配偶者	万円 0	万円 0	万円 0	万円 0	万円 0	万円 0
	子供A	万円 45	万円 87	万円 405	万円 846	万円 1987	万円 5544
	子供B	万円 45	万円 87	万円 405	万円 846	万円 1987	万円 5544
	子供C	万円 45	万円 87	万円 405	万円 846	万円 1987	万円 5544
	計	万円 135	万円 261	万円 1215	万円 2538	万円 5961	万円 16632

☆配偶者はいずれのケースでも非課税。

☆1万円未満は切り捨て表記のため、合計が違っている場合もあります。

⑥ 死亡した人に借金があったらどうなる？

Key Concept

相続は亡くなった人の財産に関する権利だけではなく、債務も引きつぐことになります。そこには、借金も含まれます。

　相続するときは、借金も財産のうちという考え方で、債務も引きつぐことになります。ありがたくない負の遺産ですが、財産だけ受けついで、借金は受けつがない、という都合のいいことはできません。

　そこで相続税を計算するときは、負担しなければならない借金を、相続財産から差し引くことができます。これを「債務控除」といいます。債務控除として認められるものは、被相続人の死亡時に残された債務で、相続人が弁済することになっているものすべてになります。控除される債務例としては、住宅ローンなど金融機関からの借入金、事業の買掛金や未払金、クレジットローンの未払金などが挙げられます。

　また、未払いの税金も控除の対象になります。死亡した被相続人の所得税や住民税、固定資産税は、たいてい未納という形で相続人に受けつがれ、全額が債務控除として認められます。

　ただし、債務でも控除の対象にならないものもありますので、注意が必要です。相続税が課税されない墓地や仏壇を購入した際の借金は控除が認められません（ということは、生前に墓地や仏壇を買った場合は、相続前に代金を支払って、借金にしない方が得になるわけです）。

　また、控除の対象として忘れてならないのが葬式費用。被相続人が死亡したときの葬式費用は、相続財産から差し引くことができます。

　ただし、その中で、香典返しにかかった費用、法事の費用は控除が認められていないので注意してください。香典返しは葬儀にともなう支出として認められてもいいように思われがちですが、香典が非課税扱いのため、控除の対象にならないのです。また、葬式自体も、死亡した被相続人の社会的地位や遺産などから見て、過大すぎると見なされた場合、控除の対象からはずされることもあります。身分不相応な葬式費用は、控除できない仕組みになっているわけです。

原則は、
「お墓の費用は生きているときに払い切る！」
「葬儀は分相応に！」
「香典返しは控除されないので注意！」です。

●債務控除の対象となるもの
まとめ

債務の控除	住宅ローンの借入金		金融機関からの借入金	
	医療費・入院費の未払金		クレジットローンの未払金	
	事業での買掛金		事業での未払金	
税金の控除	延納中の所得税	延納中の贈与税		延納中の相続税
	固定資産税		住民税	
	被相続人が死亡した年にかかる所得税・相続税・贈与税など			
葬式費用の控除	埋葬・火葬・納骨の費用			
	葬儀の際に要した金品で、被相続人にふさわしいと認められたもの			
	死体の捜索、遺体や遺骨の運搬費用			

●債務控除の対象とならないもの

・墓地や仏壇の未払金
・香典返しの費用
・法要の費用
・社葬などの費用で相続人以外が負担する費用

⑦ 遺産は誰がどれだけもらえるのか？

Key Concept

相続する人間が複数のときは、遺産の分け方を決めておかないとトラブルの原因になります。目安になるのが法定相続分です。

　相続財産に対する、それぞれの相続人の権利の割合を**相続分**といいます。相続人が１人のときは、全財産がその人間に渡るので、財産の分け方については問題はありません。しかし、相続人が複数のときは問題がおこりがちなので、財産の分け方についても、民法で規定を設けています。

　もし被相続人の**遺言**（➡ p206）がないときは、「**法定相続分**」が遺産の分け方の目安となります。財産の分け方は法律で決めてある通りにしなければならないということはなく、相続人同士がお互いに話し合って決めればいいのです。また、法定相続分は誰が相続人になるかによって、割合が変わってきます。

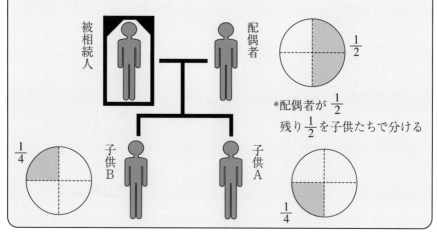

【法定相続分で決められた遺産の取得割合】
① 配偶者と子供が相続人

　配偶者と子供が、それぞれ２分の１ずつの割合で遺産を相続します。子供が複数いるときは、遺産の２分の１を、さらに人数で分けます。非嫡出子が嫡出子とともに相続する場合であっても、嫡出子と非嫡出子の法定相続分は同等です。

被相続人　　　　　配偶者　　　　　$\frac{1}{2}$

*配偶者が $\frac{1}{2}$
残り $\frac{1}{2}$ を子供たちで分ける

$\frac{1}{4}$　　子供B　　子供A　　$\frac{1}{4}$

② 配偶者と直系尊属が相続人

　配偶者が 3 分の 2 、残り 3 分の 1 が直系尊属の分となります。両親とも
に健在であれば、それぞれの相続分は 6 分の 1 ずつです。

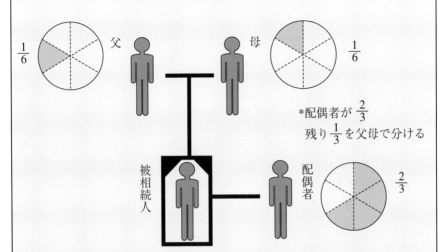

$\frac{1}{6}$　父　　母　$\frac{1}{6}$

*配偶者が $\frac{2}{3}$
残り $\frac{1}{3}$ を父母で分ける

被相続人　　　配偶者　$\frac{2}{3}$

③ 配偶者と兄弟姉妹が相続人

　配偶者が 4 分の 3 、兄弟姉妹が 4 分の 1 の取り分となります。兄弟姉妹
が複数のときは、その 4 分の 1 を兄弟姉妹の人数で分けます。

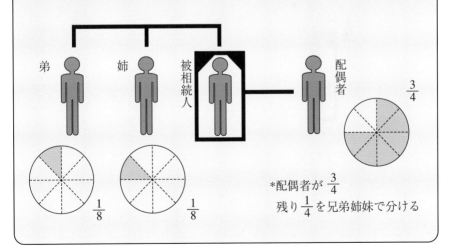

弟　　姉　　被相続人　　配偶者　$\frac{3}{4}$

$\frac{1}{8}$　　$\frac{1}{8}$

*配偶者が $\frac{3}{4}$
残り $\frac{1}{4}$ を兄弟姉妹で分ける

指定相続分と遺留分

Key Concept

> 被相続人が生前に、誰にどれだけの財産を分けるかを決めることができます。ただし、相続人には最低限の相続分があります。

　法定相続分は、被相続人の意思が含まれていません。そこで、被相続人が遺言で、相続人のそれぞれの取り分を指定することができます。

　指定相続分は、相続財産のすべてについて指定することはもちろん、「長男には2分の1の財産を残す」とだけ遺言に残し、ほかの財産についてはタッチしないままでいることも可能です。

　法定相続分と指定相続分とでは、指定相続分が優先します。法定相続分は、あくまで遺言による財産分割の指定がないときのためにあるのです。

●法定相続分と指定相続分

法定相続分	指定相続分
遺言がなく、相続分の指定がないときは法定相続分に基づき財産を分ける。	遺言によって財産の分け方を指定する。

指定相続分と法定相続分では指定相続分が優先するのです！

　しかし、指定相続分にも、ある一定の制限があります。たとえば5人の子供がいるのに「全財産を次男に譲る」といった遺言があった場合、残りの4人にしてみれば、あまりに不合理です。

　そこで「遺留分」という最低限の相続分があります。遺留分とは、相続人が必ず相続できる財産の取り分です。遺留分に満たない財産を相続した相続人に不満があるときは、多く財産を引きついだ相続人に遺留分に足りない分の財産を請求できます。

　遺留分に満たなくても、相続人が了承すれば、それは認められます。ま

た遺留分が認められているのは、配偶者、直系卑属、直系尊属で、兄弟姉妹には、遺留分はありません。

まとめ　●遺留分とは？

遺留分とは、被相続人の遺産を最低限これだけは受けつぐことができるとされる割合のことで、相続人の遺産分割に対する権利分。遺留分に満たない財産を相続した場合、遺産を多く引きついだ相続人に不足分を請求することができる。

遺言：財産をすべてB子に譲る。

被相続人

B子

…あまりに不合理

A男　C子　D男

そこで

B子に遺留分の財産を請求できる。

●民法で法められた遺留分

遺留分は次のような計算式で算出することができます。

① 相続人が配偶者だけのケース

配偶者の遺留分＝（被相続人の財産）× $\dfrac{1}{2}$

② 相続人が子供だけのケース

子供1人の遺留分＝（被相続人の財産）× $\dfrac{1}{2}$ × $\dfrac{1}{（子供の人数）}$

$$\left(\text{子供が1人のときは } \dfrac{1}{2} \text{ 、2人のときは1人につき } \dfrac{1}{4} \right.$$

$$\left. \text{3人のときは1人につき } \dfrac{1}{6} \right)$$

③ 相続人が配偶者と子供のケース

配偶者の遺留分＝（被相続人の財産）× $\dfrac{1}{2}$ × $\dfrac{1}{2}$

子供1人の遺留分＝（被相続人の財産）× $\dfrac{1}{4}$ × $\dfrac{1}{（子供の人数）}$

$$\left(\text{子供が1人のときは子供は } \dfrac{1}{4} \text{ 、2人のときは1人につき} \dfrac{1}{8} \right.$$

$$\left. \text{3人のときは1人につき } \dfrac{1}{12} \right)$$

④ 相続人が直系尊属だけのケース

父（または母）だけの遺留分＝（被相続人の財産）× $\dfrac{1}{3}$

*両親1人の遺留分＝（被相続人の財産）× $\dfrac{1}{3}$ × $\dfrac{1}{2}$

*両親はどちらも健在

⑤ 相続人が配偶者と直系尊属のとき

配偶者の遺留分＝（被相続人の財産）× $\dfrac{1}{2}$ × $\dfrac{2}{3}$

父（または母）だけの遺留分＝（被相続人の財産）× $\dfrac{1}{2}$ × $\dfrac{1}{3}$

*両親1人の遺留分＝（被相続人の財産）× $\dfrac{1}{2}$ × $\dfrac{1}{3}$ × $\dfrac{1}{2}$

*両親はどちらも健在

■相続税Q&A■　相続分について

　常に法定相続分通りに財産が分与されるのかというとけっしてそんなことはありません。遺言によって相続分をあらかじめ決定することができます（➡ p26 指定相続分）。また、結婚しない人や子供を持たない人が増えている昨今では、相続人がいないというケースもあります。

　こうしたケースについてもう少しくわしく見てみることにしましょう。

Q　財産をどうしても長男だけに相続させたい。ほかの相続人には遺留分の請求もしてもらいたくない。

A　かなり複雑な人間関係が想起されますが十分にあり得る話です。

　誰か1人にだけ（ここでは長男）財産を残したい場合には、遺言にその意思を示すとともに、生前に長男以外の相続人たちには遺留分の請求権の放棄を認めてもらわなければなりません。

　そうしない限り、実際に長男以外の相続人が遺留分の請求をしてきたら、その分は彼らに受けつがれることになります。

　やはり、こうした問題は生前によく話し合っておくことが大事です。もし、どうしてもこじれてしまう場合は家庭裁判所で調停・審判をしてもらうとよいでしょう。

Q　相続人がいないときは財産はどうなるの？

A　被相続人に配偶者や血族がなく、遺言もない、といったケース、つまり、どうしても相続人が見当たらない場合には相続財産は国へ帰属することになります。

　ただし、内縁の妻など、血のつながりや婚姻関係はないものの、被相続人とともに暮らしていた人や被相続人の看護に務めた人がいた場合、話は少し変わってきます。

　こうした人のことを特別縁故者といい、特別縁故者は家庭裁判所に対して、財産の請求を行い、これを家庭裁判所が正当であると認めた場合において、相続財産の一部ないしはすべてを特別縁故者として分与してもらうことができます。

⑨ 相続を放棄する

Key Concept

もし被相続人の負債が大きく、相続財産を上回る額になるようなら、相続を拒否することもできます。

　相続財産はプラスのものだけに限らず、負の遺産もあります。財産だけ相続して借金は受けつがないというムシのいいことは認められていません。財産といっしょに、借金も相続しなければならないのです。

　そこで、財産を受けつぐかどうかの判断は、相続人に任されているのです。財産を受けつぐことを「相続承認」といい、財産の受けつぎを拒否することを「相続放棄」といいます。

　「相続の放棄」は、相続人が相続の開始を知ってから3ヵ月以内に、相続権の放棄の申し立てを家庭裁判所にします。受理されたら「相続放棄申述受理証明書」を交付してもらえるので、被相続人の残した借金に対して取り立てを受けた場合にもこれに対抗できます。放棄すると、その相続人は、いなかったものとして残りの相続人で遺産を分割します。

　被相続人が亡くなったときに、財産や負債がどれくらいあるか、すぐにはわからないケースもあります。こんなときは、「限定承認」という方法もあります。相続した資産を限度として、被相続人の借金を負担するという相続の承認です。この場合は清算したあとに負債が残っていても、支払う義務はありません。

　限定承認も、相続開始3ヵ月以内に手続きをしなければなりません。しかも、相続人全員が一致して家庭裁判所に申し立てしないと認められません。

　相続放棄は、相続人ひとりひとりの自由裁量に任されていますから、1人だけで行ってもかまいません。相続放棄したときは、代襲相続はありません。だから、被相続人の子供が相続放棄したとき、その子供、被相続人から見て孫が相続人になることはないのです。

　財産を相続しないだけなら、手続きは簡単です。本来もらえるものをほかの相続人に譲るわけですから「遺産分割協議書（→ p170）」を作って、相続人全員が署名押印すればいいのです。

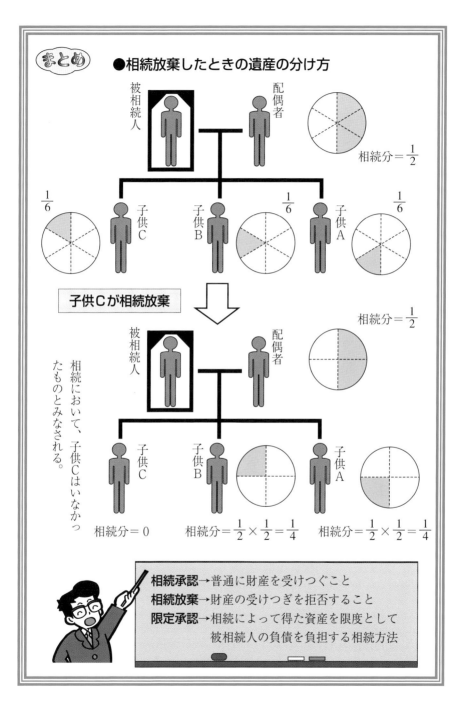

まとめ

●相続放棄したときの遺産の分け方

被相続人　配偶者

相続分＝$\frac{1}{2}$

$\frac{1}{6}$　子供C　子供B　$\frac{1}{6}$　子供A　$\frac{1}{6}$

子供Cが相続放棄

被相続人　配偶者

相続分＝$\frac{1}{2}$

相続において、子供Cはいなかったものとみなされる。

子供C　子供B　子供A

相続分＝0　相続分＝$\frac{1}{2} \times \frac{1}{2} = \frac{1}{4}$　相続分＝$\frac{1}{2} \times \frac{1}{2} = \frac{1}{4}$

相続承認→普通に財産を受けつぐこと
相続放棄→財産の受けつぎを拒否すること
限定承認→相続によって得た資産を限度として
　　　　　　被相続人の負債を負担する相続方法

31

⑩ 相続分に加算される寄与分とは？

Key Concept

相続人が被相続人の財産を増やすのに貢献していたとしたら、相続財産の分配で寄与分として特枠で相続できます。

　相続の基本原則として、「相続人はみな平等で、みな同じように相続権がある。したがって平等に遺産分割をすべきである（均分相続）」、という考え方がありますが、この原則はどんなときも適用できるかというと疑問符がつきます。

　たとえば、被相続人が亡くなるまで、ずっと介護してきた者と、数年に一度ふらりと戻ってくる者が同等の遺産相続をするとなるとどうでしょう？

　また、ほかの兄弟が家を出ていく中で、自分は父である被相続人の事業を手伝い、財産を増やすのに特別な貢献をしたのに、その分が無視され法定相続分通り遺産分割をされたらどうでしょう？

　実質的な面で、不平等・不公平な感じがします。そのような問題点を補う意味で、民法では、相続人の1人が、被相続人の財産の増加や維持に貢献した場合に、ほかの相続人よりも相続財産を多く分けてもらうことができる、としています。ほかの相続人よりも多く分けてもらえる相続財産を寄与分といいます。

　寄与分として認められるのは、次のような場合です。

【寄与分として認められるケース】

① 被相続人に自分の財産を給付した。

② 被相続人の看護を長年にわたって行った。

③ 被相続人の医療費を立て替え払いした。

④ 被相続人の事業に無償で奉仕した。

　（ただし妻の家事はこれに当てはまらない）

　しかし、どれくらい貢献したかを計るのは、実際問題として難しいものです。寄与額に関しては相続人同士で話し合って決めることになります。協議が不調に終わった場合には、家庭裁判所で決めてもらいます。

●寄与分の計算の仕方

相続財産が2億円あったとして、そのうちの4000万円が長男の寄
与分として認められたときは下図のようになります。

寄与分として
認められた4000万円

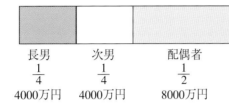

相続財産から、
寄与分を差し引
いた分を法定相
続分とする。

長男	次男	配偶者
$\frac{1}{4}$	$\frac{1}{4}$	$\frac{1}{2}$
4000万円	4000万円	8000万円

長男	次男	配偶者
8000万円	4000万円	8000万円

●病気の看護はどこまで寄与分として認められるの？

TOPICS

民法では、家族の間での協力と扶助義務を定めているので、そ
の範囲内での寄与は認められません。配偶者が被相続人の看病を
したくらいでは、寄与とはならないのです。しかし、たとえば子
供が結婚をせず、長年にわたって被相続人の看病をしたというよ
うな場合は、特別の寄与と認められます。また相続人以外の親族
が被相続人の財産の増加や維持に貢献した場合には、特別の寄与
を請求できる特別寄与請求権の制度が創設されました（➡p223）。

Section 1

■相続税Q&A■　相続財産の評価・申告について

　相続税はいったん税額を申告したらそれでOKというわけにはいきません。過大および過少申告、はたまた、ほかに相続財産が見つかってしまったというケースもあります。申告後もしばらくは何かあるに違いないと考えておきましょう。

Q　相続税を多く支払ってしまったときはどうするの？

A　相続財産を過大に評価してしまい、相続税を多く払ってしまったら、「納付税額」を戻してもらうことができます。この場合の手続きを「更正の請求」といいます。更正の請求は、専用の請求書が税務署にありますので、その書面で行います。

　更正の請求は、原則として、申告書の提出期限から5年以内となっています。それを過ぎると、余分に払った税金も、返ってこないことも考えられます。申告の内容が正しいかどうかは、1年以内に確認しましょう。

Q　申告していない財産が見つかったときは、どうしたらいい？

A　申告した財産が少なく、相続税額が過少だったときは、修正しなくてはなりません。一般に、相続税が少なかったというのには、だいたい次の3つのケースが考えられます。

①申告していない財産が新たに見つかった
②財産を間違って評価した
③相続税の税額を間違った計算方法で行った

　これらの場合、正しい金額に直した申告書を再度、提出することができます。税務署に「修正申告書」という用紙が用意されていますから、この用紙に記入して、修正申告します。

　もし、過少申告したことに気がついてそのままにしておくと、税務署は「税務調査」を行い、正しい税額を納めるよう、「更正」処分をします。こうなると、延

滞税に加えて、ペナルティーとして「過少申告加算税」というものまで支払わなければなりません（納付税額の10～15％に相当する額です）。

税務署から指摘される前に、自分からすすんで修正申告を行えば、不足分の税額に対する延滞税を支払うだけですみ、過少申告加算税は支払わなくてすみます。

不足税額の納付期限は、修正申告書の提出日ですから、直ちに納付するようにしなければなりません。

Q　相続した財産が火事や水害などにあったときはどうするの？

A　相続した土地や家屋が、火事や水害などの災害にあったときは、その分、評価額が下がるわけですから、相続税が減免されます。

ただし、被害の額が相続税の課税価格の計算の基礎となった財産の価額の10分の1以上の場合に限ります。

もし、その災害が、申告期限前だったときは、その評価額が下がった分だけ除外して申告することができます。

申告したあとで災害にあったときでも、災害のあった日以後における納税額について納税の減免措置を受けることができます。このとき、災害のやんだ日から2ヵ月以内に被害の状況を申請書に書き込んで提出するようにします。

Q　離婚した妻子に生活費や養育費として渡した金銭は、課税の対象になりますか？

A　生活費や養育費でも、一括して多額の金銭が支払われた場合には贈与税がかかります（→p114）。それが、離婚した妻とその子供の生活費や養育費である場合には、一括払いの金額が"妥当"と判断されたのであれば、課税はされません。

法改正 ここをチェック!!

空き家問題に関する法改正!

●税理士からの一言

近年、空き家の数が増加しています。総務省統計局の「平成30年住宅・土地統計」によると、2018年の空き家数（全住宅に占める空き家率）は約849万戸（13.6%）で、年々増加傾向にあります。

空き家の増加に伴い、固定資産税の滞納や景観の悪化、防災、防犯機能の低下、ゴミの不法投棄、火災、悪臭の発生などの問題が生じており、今後も少子高齢化や人口の減少により増え続けることが予想されます。そうした状況を踏まえ、政府も空き家対策に本腰を入れ始めたわけです。

今回は空き家問題などに関連して、近年改正された下記の3つを紹介します。

改正1 遺産分割協議の長期化対策!

遺産分割協議が長期化すると、相続人の数が増えたり、一度も会ったことのない人が相続人になったりすることがあるため、協議がより難航します。そこで、特別受益および寄与分については、それらを主張する期限を相続開始時から10年とする法改正がなされました（令和5年4月1日施行）。10年を経過すると、遺産分割は法定相続分によることになります。したがって、特別受益や寄与分を主張できる人は、その権利を主張することができなくなっ

てしまうおそれがあります。ただし、下記の例外規定があります。

① 10年経過前に、家庭裁判所に相続人が遺産分割請求をしたケース。

② 10年経過前6ヵ月以内に、遺産分割請求をすることができないやむを得ない事由があった場合、当該事由が消滅したときから6ヵ月経過前に家庭裁判所に当該相続人が遺産分割請求をしたケース（ただし、このやむを得ない事由は、相続人が行方不明など稀なケースしか認められないでしょう）。

③ 10年経過後に、法定相続分による遺産分割ができるにもかかわらず、相続人全員が具体的相続分による遺産分割に合意したケース（ただし、10年経過しているにもかかわらず、こうした合意に至れるケースは稀かもしれません）。

④すでに2023（令和5）年4月1日現在において相続発生後、10年が経過しているにもかかわらず遺産分割協議が成立していないケース（すでに10年を経過していますが、施行後、5年以内であれば特別受益および寄与分に関する権利を主張することができます）。

改正2 相続登記が義務化された！

　所有者不明土地の発生等を予防する観点から不動産登記制度が見直され、相続登記が申請義務化されることになりました（令和6年4月1日施行）。相続や遺贈により不動産を取得した相続人に対し、相続開始があったことを知り、かつ当該不動産を取得したことを知った日から3年以内に相続登記の申請を義務づけるものです。正当な理由なく相続登記をしなかった場合には、10万円以下の過料が科されることになります。ここでいう正当な理由は遺言の有効性が争われている、相続人が重病であるなどといった稀なケースが考えられます。

　したがって、今後の相続登記は主に下記の4パターンになるでしょう。

①3年以内に遺産分割協議をまとめ、相続登記をする。

②3年以内に遺言書の内容に踏まえて登記をする。

③なかなか遺産分割がまとまらない場合は、3年以内にひとまず法定相続の

持ち分による相続登記をする（相続人の1人による単独での登記申請が可能ですが、その後、遺産分割が成立した日から3年以内に登記を行う必要があります。したがって都合2回、登記をすることになるのでその分、登記費用が多くかかります）。

④なかなか遺産分割がまとまらない場合は、3年以内にひとまず相続人申告登記をする。その際、「相続が開始した旨」「自らがその相続人である旨」の2点を申請する（③同様、単独での登記申請が可能で、遺産分割が成立した日から3年以内に登記を行う必要があります）。

改正3 被相続人の自宅（空き家）を売却した場合の特例が設けられた！

　法改正により、相続や遺贈により取得した自宅とその土地等を、2027（令和9）年12月31日までの間に売って、下記の一定の要件に当てはまる場合には、譲渡所得の金額から最高3,000万円まで控除することができるようになりました。かなりの節税となる制度です。

　まず、特例の対象となる自宅を「被相続人居住用家屋」といいます。「被相続人居住用家屋」は相続開始直前において被相続人の居住の用に供されていた家屋で、下記の3つすべてに当てはまるものをいいます。

①1981（昭和56）年5月31日以前に建築されたこと。

②区分所有建物登記がされている建物でないこと。

③相続開始直前において、被相続人以外に居住をしていた人がいなかったこと。

　次に、特例の対象となる土地等を「被相続人居住用家屋の敷地等」といいます。相続開始直前において「被相続人居住用家屋」の敷地の用に供されていた土地や、その土地の上にある権利をいいます。

　特例の適用を受けるための要件については、国税庁のホームページなどで確認してください。

相続 ここをチェック!!

ポイント① 配偶者の保護を手厚くする 配偶者居住権

　民法の改正により、配偶者居住権が創設されました（令和2年4月施行）。

　配偶者居住権とは、亡くなった方の所有する自宅に同居していた配偶者について、その配偶者が亡くなるまでの間、その自宅に家賃等を払うことなく住み続けることができる権利のことです。所有権というよりも利用権に近いものですが、遺産分割の際には財産価値のあるものとしてカウントされます。

　複雑な家庭環境の場合、遺産分割が難航することがあります。たとえば、再婚した場合で考えてみましょう。相続人が後妻と前妻の子どもの2人とします。財産は自宅（2,000万円）とちょっとした預金（500万円）。このケースで自宅を後妻へ、預金を前妻の子どもへと遺産分割した場合、前妻の子どもは納得できるでしょうか？

　後妻が自宅を相続すると、後妻が亡くなったときは後妻の相続人（後妻の再婚相手や両親など）がこの自宅を相続することになります。少なくとも前妻の子どもはこの自宅を相続できません。

　したがって、前妻の子どもは自宅を後妻に相続させることに、なかなか了承しないことが考えられます。

　このケースでは、配偶者居住権を後妻へ、自宅の所有権を前妻の子どもへと遺産分割すれば、遺産分割協議が成立するはずです。配偶者居住権は後妻が亡くなると同時に消滅しますので、そのあとは所有権を持つ前妻の子どもの自由に自宅が扱えるようになるからです。

| 配偶者居住権創設前 | 配偶者居住権創設後 |

後妻 　[自宅] 2,000万円

前妻との子ども 　[預金] 500万円

→

後妻 　[自宅の使用権] 1,000万円　[預金] 250万円

前妻との子ども 　[自宅の所有権] 1,000万円　[預金] 250万円

自宅を売却するなどして平等に分割しないと、協議が不成立になる可能性が高い。しかし、そうなると後妻は住む場所を失う。

平等な遺産分割が可能になるうえ、後妻は住む場所も失わずにすみ、生活に必要な現金も相続することができるようになる。

ポイント2 20年以上の婚姻期間のある夫婦は優遇される！

　結婚して20年以上経過している夫婦の場合、自宅を贈与、遺贈されても特別受益としては扱われません。したがって、贈与または遺贈された自宅については遺産分割の対象から除かれ、自宅以外の預貯金などの財産についての配偶者の取り分が多くなります。

　たとえば、下記のケースでは、配偶者の取り分が大幅に増えていることがよくわかります。施行前は配偶者である妻の預金の取り分は2,000万円、現行では4,500万円となっています。

ケース　[相続人] 配偶者（妻）　長男　長女

　　　　[相続財産] 自宅5,000万　預金9,000万

　　　　　※自宅は5年前に妻へ贈与していた

施行前
妻　（9,000万＋5,000万）×1/2＝7,000万▲5,000万＝2,000万
長男　（9,000万＋5,000万）×1/4＝3,500万
長女　（9,000万＋5,000万）×1/4＝3,500万

現行
妻　（9,000万＋0万）×1/2＝4,500万▲0＝4,500万
長男　（9,000万＋0万）×1/4＝2,250万
長女　（9,000万＋0万）×1/4＝2,250万

財産の評価の仕方

　相続税のかかる財産とは金銭で見積もることのできるすべての財産といえます。その代表的なものとしては土地・家屋（建物）・預貯金・株券などです。また、これらの財産にはそれぞれ評価の仕方があります。評価の仕方とはすなわち「どうやってお金に換算するか」ということです。

　この評価額を算出するに当たっては、かなり複雑な算出方法もあるので、すべては紹介できませんが、概略を紹介していくことにします。身の回りの財産とその価値を見直してみましょう。

財産リストを作る

Key Concept
　相続税の計算や節税対策をするための第１ステップは、現状の財産と債務をしっかり把握することです。

　相続が発生してから相続税の計算を始めても、節税対策という点から考えると遅すぎます。将来の相続税対策のためにも、現在の財産リストを作っておくとよいでしょう。

　課税価格を計算する上で、重要なポイントは財産にどれくらいの価値をつけるかということになってきます。たとえば現金なら問題はありません。１億円の財産があれば、それに対する評価額は誰がつけても１億円ですし、計算もしやすいのです。しかし、相続で受けつがれる財産は、現金だけではありません。土地や建物、株式や書画・骨とう品などさまざまです。これらの財産を評価するのは、大変難しいのです。

　この財産の評価方法を相続税を負担する人に任せてしまえば、課税の公平は図れません。そこで、それぞれの財産に対しても、時価を公平に算定できる基準が設けられています。

　これらのことを念頭において、財産リストの作成にチャレンジしてみましょう。

【財産リスト作成上のポイント】

① 現在の段階で相続するとしたら、どのくらいの財産があって、どれくらいの税額がかかるか。

② 現在の財産の中の現金や預貯金だけで、相続税は足りるか。

③ 現在の財産で、相続人たちでうまく分割できるか。

④ 残された遺族、とりわけ配偶者の老後のために必要な資産はどれくらいか。

⑤ 相続の際、処分して納税に当てられる資産はどれくらいあるか。

⑥ 相続人に生前贈与して、相続税を軽減できるものはないか。

⑦ 貸地や貸家に転用して、相続税を軽減できないか。

では次にリスト作成の基本となる評価項目を列挙します。本章では財産の評価に必要だと思われる項目および評価方法をそれぞれ細かく扱っていきます（詳細は参照頁に記載）。下表はその全体を俯瞰（ふかん）するものです。

【相続財産算出のための評価項目と評価方法】

評価項目（財産の種類）		評価方法	参照頁
土地	自用地	路線価方式か倍率方式でおよそ地価の80%	44〜51
	貸宅地	自用地としての評価額−借地権の評価	52, 53
	貸家建付地	自用地の評価から一定の金額を引いたもの	54, 55
家屋	自用家屋	固定資産税評価額、時価の約50〜60%	56, 57
	貸家	固定資産税評価額−借家権評価額、自用家屋の約70%	58, 59
預貯金	（預金残高）	死亡日の元本＋解約利子の手取額	
株式	公開株	取引相場価格で死亡日の終値、死亡日の月中、その前月、前々月の日々の終値の月平均額のうちで一番低い価格	60, 61
	未公開株	類似業種比準価額方式	64〜65
		純資産価額方式	66〜69
		配当還元価額方式	70〜71
死亡退職金		（500万円×法定相続人の数だけ控除される）	
生命保険			87
公社債		発行価額＋既経過利子	72, 73
ゴルフ会員権		通常価額のおよそ70%	74, 75
書画・骨とう品		売買価額および精通者意見価額	74

＊家庭用財産・その他については p76 を参照。

　上記の合計額が**総相続財産**……①

債務…借入金や税金の未払いなど	葬式費用その他

　上記の合計額が**債務合計額**……②

総相続税課税価格　＝　①−②

土地の評価はどうやるか？

Key Concept

土地はその種類によって評価が違ってきます。評価の方法も実勢価格、公示価格、相続税評価額などいろいろあります。

　土地の価格の評価には下の①〜④のようなものがあります。

　同じ土地でも評価法によって時価に格差があり、また土地がどのように利用されているかによっても評価額は違ってきます。

| ① 実勢価格（売買されるときの時価） |
| ② 公示価格 |
| ③ 相続税評価額 |
| ④ 固定資産税評価額 |

　①の実勢価格と②の公示価格はほぼ同額です。③の相続税評価額は公示価格の80％とされており、これを算出するのに路線価方式（➡ p46 〜 49）や倍率方式（➡ p50 , 51）などの計算方法を用います。④の固定資産税評価額は公示価格の70％ほどです。

　それではなぜ相続税を算出する土地の価格は実勢価格（時価）より低く抑えられているのかというと、③や④の価格は「売却すれば、最低でいくらなら売れるのか」という評価をするからです。相続税を支払うために土地を売却するとき、安く買い叩かれて実勢価格より低い価格で手放すケースがあるからです。

　それでもバブル期の土地高騰で相続税評価額も固定資産税評価額も引き上げられました。ところがその後の不況で土地の取り引きは低迷し、本来は相続税評価額よりも高いはずの実勢価格が、相続税評価額を下回る例が増えています。これを「逆転現象」といいますが、明らかに実勢価格が、相続税評価額や固定資産税評価額を下回っている場合は、実勢価格で申告することも認められるようになりました。

　相続のとき、相続税評価額と実勢価格が逆転していたら、税務署に申し出ます。その際、不動産鑑定士などの専門家に評価してもらえば、より確実に言い分が通る可能性もあります。ただし鑑定料の負担を考えて、それだけの価値があるかどうかを検討した上で、依頼しましょう。

相続財産の7割が土地に関するものだから、土地の評価は相続税計算の最重要ポイントになります！

　●土地の値段のつけ方

実勢価格（取引価格）

不動産の売り手と買い手の公正な市場で取り引きされる時価。

ほぼ同額

公示価格

国土庁の土地鑑定委員会が地価公示法に基づいて官報に公示したもの。

相続税評価額

—— 公示価格の約8割

国税庁が相続税や地価税評価の目的で、土地の面する道路に付した地価。評価方法に路線価方式と倍率方式がある。

固定資産税評価額

—— 公示価格の約7割

市町村が固定資産税の課税のために評価した額。

Section2　財産の評価の仕方

③ 路線価方式による宅地の評価

Key Concept

市街地の土地の評価は、路線価方式に基づきます。路線価とは土地に面する道路につけられた価格です。

　路線価方式とは、評価の対象となる土地が面している道路につけられた 1 m² 当たりの価格（路線価）に面積をかけることによって土地の評価額を算出する方法です。市街地の大部分では路線価方式が用いられます（これに対して郊外や田畑、森林などは**倍率方式**（⇒ p50）を用います）。

　路線価は、税務署に備えてある「**路線価図**」を見ればわかります。路線価図は、国税庁のホームページにも掲載されています。また、路線価は、毎年改訂されます。土地の評価額は、相続があった年の 1 月 1 日の評価額を基に算定されます。

　それでは、路線価図の見方を説明しましょう。たとえば土地 I の路線価について見てみましょう。まずは、評価したい土地を確認します。土地 I

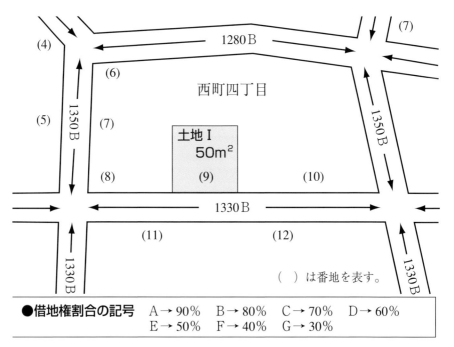

●借地権割合の記号　A → 90%　　B → 80%　　C → 70%　　D → 60%
　　　　　　　　　　E → 50%　　F → 40%　　G → 30%

の所在地は西町四丁目の九番地です。面している道路のまん中に示されている数字が路線価です。路線価は1 m²当たり1000円単位で表示されています。では、実際に、**土地の評価額＝路線価×面積（m²）** という計算式で土地Ⅰの評価額を算出してみると、1,330,000（円）×50（m²）＝66,500,000（円）となります。なお、Bの文字は借地権割合（→ p52, 53）を示すための記号です。この土地が借地の場合には評価額に80％かけて算出します。

（66,500,000（円）×80％ ＝53,200,000円）

　しかし、土地はどういう地区区分に属しているか（例は普通住宅地）、どういった形であるか、道路の位置によっても評価額は修正されます。路線価は、間口の広さと同じ奥行きである正方形を想定して作られた価格です。しかし、土地がいびつな形であったり、間口が狭く奥行きが長い土地であれば評価額は下がります。反対に角地は評価額は上がります。その算出のための修正率には次のようなものがあります。

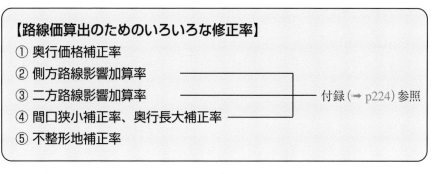

【路線価算出のためのいろいろな修正率】
① 奥行価格補正率
② 側方路線影響加算率
③ 二方路線影響加算率
④ 間口狭小補正率、奥行長大補正率
⑤ 不整形地補正率

付録（→ p224）参照

　たとえば、下図に示した、路線価（15万円；普通商業併用住宅）、面積（100m²）が同一である土地Ⅱと土地Ⅲとを比較してみましょう。

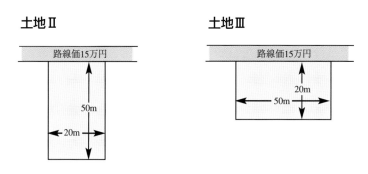

土地Ⅱ　　　　　　　　**土地Ⅲ**

路線価15万円　　　　　　路線価15万円

50m　20m　　　　　　20m　50m

土地Ⅱは奥行きが50mあります。右ページの奥行価格補正率表で「50m・普通商業併用住宅」のところを見てみると0.89とあります。土地Ⅲの「20m・普通商業併用住宅」のところを見てみると1.00とあります。これらの数値を考慮に入れて土地の評価額を算出することになります。

【土地Ⅱの評価額】
・基本額（1m²当たりの価額）
150,000円（路線価）×0.89（奥行価格補正率）=133,500円
・評価額
133,500円（基本額）×1000m²（面積）＝133,500,000円

【土地Ⅲの評価額】
・基本額（1m²当たりの価額）
150,000円（路線価）×1.00（奥行価格補正率）=150,000円
・評価額
150,000円（基本額）×1000m²（面積）＝150,000,000円

どうでしょう。土地Ⅱと土地Ⅲの差額を見てみると、1,650万円になります。同じ路線価、面積でも奥行きによって評価額が異なることがわかります。

また、土地はすべて自分が利用しているわけではありません。「自用地の場合」、「土地を借りている（借地）場合」、「貸している（貸家）場合」と、状況によって評価額も違ってきます。

ワンポイント アドバイス ●土地の利用状況で計算方式が異なる！

相続税評価額は路線価で算出するケースが多いのですが、路線価がない場合は倍率方式を適用します。つまり、土地の利用状況で分かれるのです。

宅地 ─── 市街地 →路線価方式　　田、畑、山林、牧場
　　　　　郊　外 →倍率方式　　　原野、池沼、雑種地 ─→倍率方式

【奥行価格補正率表】

奥行距離(m) ＼ 地区区分	ビル街	高度商業	繁華街	普通商業併用住宅	普通住宅	中小工場	大工場
4未満	0.80	0.90	0.90	0.90	0.90	0.85	0.85
4以上　6未満		0.92	0.92	0.92	0.92	0.90	0.90
6〃　　8〃	0.84	0.94	0.95	0.95	0.95	0.93	0.93
8〃　　10〃	0.88	0.96	0.97	0.97	0.97	0.95	0.95
10〃　　12〃	0.90	0.98	0.99	0.99	1.00	0.96	0.96
12〃　　14〃	0.91	0.99	1.00	1.00		0.97	0.97
14〃　　16〃	0.92	1.00				0.98	0.98
16〃　　20〃	0.93					0.99	0.99
20〃　　24〃	0.94					1.00	1.00
24〃　　28〃	0.95				0.97		
28〃　　32〃	0.96		0.98		0.95		
32〃　　36〃	0.97		0.96	0.97	0.93		
36〃　　40〃	0.98		0.94	0.95	0.92		
40〃　　44〃	0.99		0.92	0.93	0.91		
44〃　　48〃	1.00		0.90	0.91	0.90		
48〃　　52〃		0.99	0.88	0.89	0.89		
52〃　　56〃		0.98	0.87	0.88	0.88		
56〃　　60〃		0.97	0.86	0.87	0.87		
60〃　　64〃		0.96	0.85	0.86	0.86	0.99	
64〃　　68〃		0.95	0.84	0.85	0.85	0.98	
68〃　　72〃		0.94	0.83	0.84	0.84	0.97	
72〃　　76〃		0.93	0.82	0.83	0.83	0.96	
76〃　　80〃		0.92	0.81	0.82			
80〃　　84〃		0.90	0.80	0.81	0.82	0.93	
84〃　　88〃		0.88		0.80			
88〃　　92〃		0.86			0.81	0.90	
92〃　　96〃	0.99	0.84					
96〃　　100〃	0.97	0.82					
100〃	0.95	0.80			0.80		

路線価のない土地では倍率方式で評価

Key Concept
> **路線価がつけられていない土地は、倍率方式というやり方で評価します。固定資産税評価額が基本になります。**

　路線価がない土地、おもに地価格差の少ない郊外地や農村宅地の評価に使われるのが、倍率方式です。

　この方式は、評価する宅地の固定資産税評価額に国税庁が定めた倍率をかけて、土地の評価額を算出するものです。

　したがって、倍率方式で土地の評価額を算出するときは、固定資産税評価額と倍率を調べなければなりません。

　固定資産税評価額は、土地の所在地の市町村役場（東京都は都税事務所）の固定資産税課へ行って調べます。土地課税台帳の閲覧か、固定資産税評価証明書を入手します。

　ちなみに、固定資産税通知書に記載されている課税標準額とは異なるので注意してください（課税標準額は、地方税法の特例措置で安くなっているからです）。

　固定資産税評価証明書の発行の手続きは、市町村役場によって若干違うケースがあるので、あらかじめ事前に連絡して必要なものを用意しておきます。一般的には、被相続人の除籍謄本（または戸籍謄本）、相続人本人の身分が証明できる運転免許証や印鑑などが必要です。郵送によっても入手できます。

　固定資産税にかける評価倍率は、税務署にある評価倍率表を見ればわかります。

　農地や山林もほとんど倍率方式で評価します。農地は、①純農地　②中間農地　③市街地周辺農地　④市街地農地　に区分され、このうち純農地と中間農地は倍率方式で算出します。市街地周辺農地は、倍率方式もありますが、宅地比準方式というやり方で算出します。宅地比準方式とは、宅地であるとしたときの価格を倍率方式か路線価方式で算出し、その値段から宅地を造成したときにかかるコストを差し引いて出た数値を評価額とします。

　その宅地造成費は、各国税局ごとに金額が定めてあるので、税務署に問い合わせてみてください。

●倍率方式で算出する評価額

> **土地の評価額＝固定資産税評価額×倍率**

〈固定資産税評価額の調べ方〉

→市町村役場の固定資産税課で閲覧する。

→固定資産税課から固定資産税評価証明書を発行してもらう。

→倍率は税務署の「評価倍率表」で確認する。

※固定資産税評価額が4000万円で倍率が1.1倍なら、4400万円が相続税評価額となる。

●農地や山林の評価の仕方

〈農地の評価〉

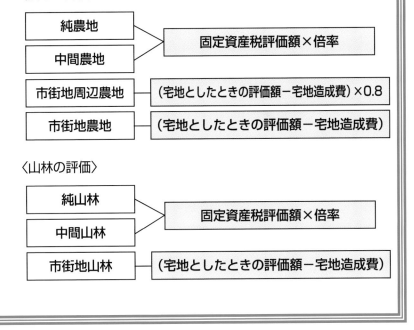

純農地	固定資産税評価額×倍率
中間農地	
市街地周辺農地	（宅地としたときの評価額－宅地造成費）×0.8
市街地農地	（宅地としたときの評価額－宅地造成費）

〈山林の評価〉

純山林	固定資産税評価額×倍率
中間山林	
市街地山林	（宅地としたときの評価額－宅地造成費）

⑤ 貸宅地の評価のやり方

Key Concept

地代を取って他人に貸している土地の評価は、評価額から借地権価額を控除して、相続税の評価額を算出します。

　他人に貸し付けている宅地を「貸宅地（底地）」といいます。貸宅地は借りている人に使用する権利がありますから、地主といえどもその土地を自由に使えません。この借り手の権利が「借地権」というものです。この借地権も財産として認められますから、借地人に相続があれば、借地権そのものが課税対象になります。

　自分の土地でも、他人が建物を建てて使用しているわけですから、借り手が地代を支払っている以上、借り手をすぐに立ち退かせることはできません。土地の処分価値が低くなる分、貸宅地については、税法上の評価額もかなり低くなります。

　評価の計算は、まず宅地を貸していない状況での評価額（＝自用宅地としての評価額）を、路線価方式か倍率方式で求めます。そこから、借地権評価額を差し引いた残りが貸宅地（底地）の評価額となります。

　借地権評価額は自用宅地の評価額に借地権割合をかけます。借地権割合は路線価図にアルファベット（A～G）で記載されています（➡ p46 , 53 , 55）。

　1億円の土地に借地権割合が70％で設定されていたとします。1億円に0.7をかけて算出された7000万円が借地人の財産、残りの3000万円が地主の財産となるわけです。

　借地権割合は、地主と借地人が決めるのではなく、各地域ごとに一定の割合が決められているのです。繁華街などでは80～90％の高率で借地権割合が設定されているケースもありますが、住宅地では60～70％程度と考えていいでしょう。

　ただ、他人に貸している土地でも、借地権が設定されていなければ、借地には当てはまりません。自用宅地（更地）での評価額によって相続税が課税されることになります。

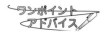

●貸宅地の評価のやり方

自用宅地（更地）評価額

借地権評価額

貸宅地（底地）評価額

貸宅地の評価額 ＝ 自用地（更地）の評価額 －（更地の評価額×借地権割合）

　　　　　　　＝ 自用地（更地）の評価額 ×（１－借地権割合）

　　　　　　　＝ 自用地の評価額 × 貸宅地割合

●路線価図の記号

◀━━━━━━━ | 200 C | ━━━━━━━▶

数字（200）は1m²当たりの土地の価格（単位千円）

アルファベット（C）は借地権割合（70％）

●借地権その他の割合表の例（東京国税局管内の土地の評価用）

記号	借地権割合	貸宅地割合	貸家建付地割合	貸家建付地借地権割合	転貸借地権割合	転借権割合	借家権割合
A	90％	10％	73％	63％	9％	81％	30％
B	80％	20％	76％	56％	16％	64％	30％
C	70％	30％	79％	49％	21％	49％	30％
D	60％	40％	82％	42％	24％	36％	30％
E	50％	50％	85％	35％	25％	25％	30％
F	40％	60％	88％	28％	24％	16％	30％
G	30％	70％	91％	21％	21％	9％	30％

Section 2

貸家建付地の評価のやり方

Key Concept

アパートや貸家の土地は、貸家建付地として評価します。更地の評価額から借地権割合、借家権割合の分だけ割り引きます。

　持っている土地にアパートやマンションなどを建てて、その部屋や家屋を他人に賃貸している場合、その宅地を「貸家建付地」といいます。

　貸宅地との違いは、貸宅地では家屋は借地人の所有になりますが、貸家建付地は、家屋も土地も地主の財産になるというわけです。

　ただし、借家人に借地権はないといっても、土地の所有者にとってその権利には制限がつきます。一戸建てでもアパートでも他人に部屋を貸していれば、所有者は自由に使えないわけですし、相続があったときでも、すぐに土地を処分するわけにいきません。そこで、相続財産の評価でも、更地より低く評価することになるのです。

　したがって、土地を空地にしておくよりも、アパートやマンションを建てておけば、相続税評価額が下がり、相続税対策にもなるわけです。

　貸家建付地の評価は、まず更地（自用地）としての評価額を出します（やり方は路線価方式か倍率方式）。次に**借地権割合**（➡ p52）と**借家権割合**を、更地の評価額にかけ、そこから出た数字を、もとの評価額から差し引きます。そこで出た額が、貸家建付地の評価額です。なお、借家権割合は、おおむね30％（大阪府の一部で40％）です。正確な数字は、それぞれの税務署で教えてくれます。

　たとえば更地で5000万円の評価額の土地に、借地権割合が70％、借家権割合が30％という設定だったとします。0.7×0.3＝0.21で21％がマイナス分ですから5000（万円）×（1−0.21）＝3950万円が評価額となります。

　また、賃貸用のアパートやマンションを所有して相続がおこったとき、賃貸していない部屋（空き部屋）があったとしたらどうなるのでしょうか。このケースでは、その部分に関しては、借家権がないわけですから、更地としての評価をしなければなりません。借家権がある部分とない部分の床面積の割合を計算して、評価額を出します。

●貸家建付地の評価のやり方

$$
\boxed{\substack{貸家建付地\\の評価額}} = \boxed{\substack{更地の\\評価額}} - \boxed{\boxed{\substack{更地の\\評価額}} \times \boxed{\substack{借地権\\割合}} \times \boxed{\substack{借家権\\割合}}}
$$

$$
\boxed{} = \boxed{更地の評価額 \times （1-借地権割合 \times 借家権割合）}
$$

 Section 2

《計算例》

更地の評価額…5000万円
借地権割合…70%
借家権割合…30%

左記の場合における貸家建付地の評価
額を算出してみると

↓

5000（万円）－（5000（万円）×0.7×0.3）＝
　　　　　あるいは
5000（万円）× {1－（0.7×0.3）}　　　＝

$\boxed{3950（万円）}$

貸家建付地の評価額

●貸家建付地の評価額　　　③＝1－（①×②）

記号	① 借地権割合	② 借家権割合	③ 貸家建付地割合
A	90%	30%	73%
B	80%	30%	76%
C	70%	30%	79%
D	60%	30%	82%
E	50%	30%	85%
F	40%	30%	88%
G	30%	30%	91%

家屋の評価のやり方

Key Concept

> 建物の評価は、固定資産税評価額と同じ額です。固定資産税評価
> 額は、土地と同様に3年ごとに見直されます。

　家屋にかかる相続税の評価は、一軒ごとに価額を求め、評価方法は倍率方式です。倍率方式といっても、家屋の所在地によって倍率が変わることなく、全国どこでも"1倍"です。というわけで、倍率方式で評価を算出する場合、家屋にかかる相続税評価額＝固定資産税評価額×1ですから、家屋にかかる相続税に関しては、固定資産税の評価額が、そのまま相続税評価額になるということになります。

　では、建物に付属した設備——たとえば、エレベータ設備、電気設備、ガス設備などは、相続税課税の対象になるのでしょうか？　これらの付属設備は、家屋の一部と見なされ、固定資産税評価額の中に組み込まれています。あらためて相続税の評価をするにはおよびません。

　ただし、家屋からは独立した門や塀、庭にある樹木、庭石、池などは別に評価しなければなりません。門や塀の評価額は、再建築価額で評価します。相続時に新規に設置するのに必要な費用から、経過年数に応じた減価償却額を差し引いて評価するわけです。

　庭の樹木や庭石などの庭園設備は調達価額（相続時に同じものを取得したときにかかる価額）の70％で評価します。

　建設中の家屋については、どうでしょうか？　家屋は、完成しないうちは固定資産税の評価が定まりません。しかし相続ということになったとき、未完成といえども家屋も相続財産ですから、評価することになります。そこで、建設中の家屋は、費用現価を当てはめます。費用現価とは、着手してから相続が始まった日までにかかった建築材料や施行費用の総額です。相続税評価額は、費用現価の70％で評価されます。

　固定資産税評価額は、3年に1度、改訂されます。実際には、さほど変わらないのが実状です。家屋は年月とともに老朽化して価値が下がるものですが、建築費は一般的に年ごとに増加すると考えられているからです。

●家屋の評価

家屋を評価する場合、固定資産税評価額には、付属設備（エレベータ・電気・ガスなど）も含まれます。

区　分	評価方法
建　物	固定資産税評価額
建築中の場合	建築費用額の課税時の現価×0.7
門、塀など	課税時の再建築価額－経過年数に応じた減価の額
庭園設備 （庭木、庭石など）	課税時の再調達価額×0.7

ワンポイントアドバイス ●固定資産税評価額の管轄は税務署ではない

　固定資産税の評価証明書を税務署にもらいにいっても入手することはできません。注意してください。

　固定資産税の管轄は市町村になっており、評価証明書は、それぞれの市町村の固定資産税課で発行されます。

⑧ 貸家の評価のやり方

Key Concept

> 人に貸している家屋には借家人に借家権が生じます。固定資産税
> 評価額から借家権の価額を差し引いて計算します。

　アパートやマンション、あるいは一戸建てでも、建物を他人に貸しているときは、借家人には借家権が生じます。貸家を、通常の家屋と同じように評価できない理由がここにあります。

　他人に貸している家屋については、評価額から借家権の価額を差し引いて相続税の評価額とします。

　まず、借家権の評価額を求めます。これは、通常の評価額（＝固定資産税評価額）に借家権割合（➡ p53, 55）をかけます。こうして算出された借家権の評価額を、固定資産税評価額からマイナスすると、貸家の相続税の評価額が求められます。

　借家権割合はおおむね30％（大阪府の一部で40％）なので、貸家の固定資産税評価額の7割が、相続税の評価となるわけです。

　ここで注意しなければならないのが、家屋の固定資産税評価額は建物ごとに定められていますが、使用目的については考慮されていないということです。住居と貸家を兼ねている家屋は分けて評価しなければなりません。相続税を評価するときには、床面積に応じて、自分の住居用と賃貸用に分けて計算してください。

　相続税対策のひとつに、自分の土地にアパートを建てて他人に貸すという方法がありますが、これは貸家建付地の割引と、この貸家における借家権割合の減額分を利用するものです。

 ●借家権は相続財産になるの？

　土地を借りて家を建てれば借地権が生じ、この借地権も財産と見なされ、相続財産の課税対象になります。しかし、借家権が権利金等の名称をもって売買される慣行の地域以外は借家権は相続財産としては評価されません。

●貸家の評価のやり方

| 貸家の
評価額 | = | 固定資産税
評価額 | − | 固定資産税
評価額 | × | 借家権
割合 |

↓
おおむね30％

※借家権割合は、おおむね30％であるから、固定資産税評価額に0.7をかけて算出された数字が貸家の評価額。

●住居兼貸家の評価のやり方

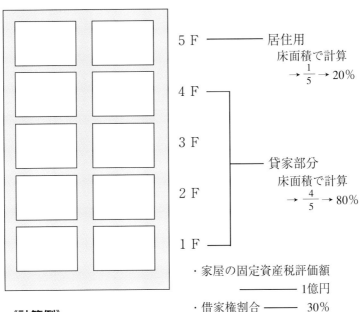

5 F ——— 居住用
床面積で計算
→ $\frac{1}{5}$ → 20％

4 F
3 F
貸家部分
床面積で計算
→ $\frac{4}{5}$ → 80％
2 F
1 F

・家屋の固定資産税評価額
——— 1億円
・借家権割合 ——— 30％

《計算例》

・居住用→1億円×0.2＝2000万円……………………………… ①
・貸家部分→1億円×0.8×（1−0.3）＝5600万円…………… ②
・家屋の相続税評価額（①＋②）
　　　　→2000万円＋5600万円＝7600万円

株式はどう評価するか（上場株式）

Key Concept

上場株式は日々取り引きが行われ、価格も毎日変動します。また、株式の種類によっても評価は違ってきます。

　上場株式は、価格が毎日変動しています。東京、大阪、名古屋など全国5ヵ所にある証券取引所に上場されている株式は、刻一刻価格は変わり、その価格は公表されています。そのため、どの価格で財産の評価をしたらいいかわかりにくいものになっています。もし、相続が発生した時点（被相続人が死亡したとき）の価格だけで決めてしまった場合、その日の株価がたまたま高騰していたということになると、相続人は損をすることになります。そこで、一定の幅をもたせて、遺族たちへの負担を軽くするよう、配慮がなされています。具体的には下に挙げた①～④のうち最も低い価格で評価していいことになっています。

① 被相続人が死亡した日の終値（もし、その日が休日だったり、値がついていない状態だったりしたときは、その日の前後で最も近い日の終値）
② 被相続人が死亡した月の、毎日の終値の月間平均額
③ 被相続人が死亡した月の、前月の毎日の終値の月間平均額
④ 被相続人が死亡した月の、前々月の毎日の終値の月間平均額

　株式を売却したときは、譲渡所得として、税金がかかります。株式の種類によって、課税方法が異なりますので、注意してください。

ワンポイントアドバイス　●終値はどうやって調べるの？

　相続が行われた日（＝被相続人が死亡した日）の終値は、翌日の新聞の株式欄を見ればわかります。また、ほかの3つの月の終値の平均額は、株式の専門雑誌に月ごとに掲載されますが、それ以外にも証券会社や証券取引所に問い合わせれば、答えてくれます。また、各地域の税務署にも資料があるのでそこでも調べられます。

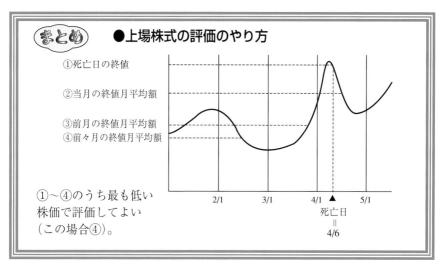

まとめ ●上場株式の評価のやり方

①死亡日の終値
②当月の終値月平均額
③前月の終値月平均額
④前々月の終値月平均額

①〜④のうち最も低い
株価で評価してよい
（この場合④）。

2/1　　3/1　　4/1　　5/1

死亡日
＝
4/6

また、日本の証券業協会が「登録銘柄」「店頭管理銘柄」として指定した
株式は、上場されていなくても、証券会社を通して売買されます。これを
「気配相場のある株式」といいます。

　気配相場のある株式の評価は、上場株式の評価に準じて行われます。

　ほかに、国税局が指定した株式、公開途上にある株式も「気配相場のあ
る株式」に含まれます。

●登録銘柄・店頭管理銘柄の評価のやり方
　① 相続日（＝被相続人が死亡した日）の取引価格
　② 相続日の属する月の取引価格の平均額
　③ 相続日の属する月の前月の取引価格の平均額　　最も低い価格
　④ 相続日の属する月の前々月の取引価格の平均額　で評価

●公開途上にある株式
　公開途上にある株式の評価は、公開価格で評価します。

●国税局長が指定する株式
　①相続日の取引価格と類似業種比準価額 ｛(取引相場のない株式の評
　　価方法のひとつ)　(➡ p64)｝ の平均額
　②相続日の取引価格
　　①②のうち低い価格で評価

Section2　財産の評価の仕方

 株式はどう評価するか（取引相場のない株式）

Key Concept

非上場で取引相場のない株式の評価は、評価が複雑で、難しい作業が必要になっています。

　株式の評価で難しいのは、取引相場のない**非上場株式**の場合です。同じ株式でも、いくつかの株価があり、評価額を算出するに当たっては、かなり難しい作業になるので、最終的には、税理士などの専門家に依頼するほうがいいでしょう。ここでは、大まかな概略を説明しておきます。

　非上場の取引相場のない株式については、まず株主の地位や立場によって、次の2つに分けます。

　・株式の所有者が支配株主(オーナー一族などの議決権割合が30%以上など)
　・従業員持株などの零細株主等

さらに、会社の規模で**大会社**、**中会社**、**小会社**に区分して評価します。

---

① 類似業種比準価額方式 （⇒ p64）
② 純資産価額方式 （⇒ p66）
③ 類似業種比準価額方式と純資産価額方式の併用 （⇒ p68）
④ 配当還元価額方式 （⇒ p70）

以上の区分をした上で、評価方法は次の4つのやり方で行われます。

　株式の所有者が支配株主の場合は、**類似業種比準価額方式**と**純資産価額方式**が適用され、両者が併用されることもあります。それ以外の零細株主は、**配当還元価額方式**が適用されます。

　支配株主に、どの評価方法を適用するかは、会社の規模によって区分します。大会社、中会社、小会社の3つですが、中会社はさらに3つに分けますから、最終的には5つに区分します。多くの場合、大会社は類似業種比準価額方式、中会社は、類似業種比準価額方式と純資産価額方式の併用、小会社は純資産価額方式（類似業種比準価額方式併用可）で評価します。また大、中、小会社の区分方法は、「従業員数」「純資産価額」「取引金額(売上高)」の3つの基準によります。

●取引相場のない株の評価はこうなる

まとめ

```
                    株式所有者
        ┌───────────────┴───────────────┐
      同族株主                        零細株主
 オーナー一族など、議決権割合    従業員株主など持株割合
 が30%以上の株主グループなど    が少ない株主
```

類似業種比　　類似業種比準価額方　純資産価　　　配当還元価額方式
準価額方式　　式と純資産価額方式　額方式　　　（⇒ p70）
（⇒ p64）　　との併用（⇒ p68）　（⇒ p66）

●会社規模の区分はこうなる

従業員数70人以上の会社　──▶　大会社
従業員数70人未満の会社は判定1、判定2の手順で区分

判定1

	総純資産および従業員数		判定
卸売業	20億円以上	35人以下を除く	
小売・サービス業	15億円以上	35人以下を除く	大会社
その他の業種	15億円以上	35人以下を除く	
卸売業	7千万円以上	5人以下を除く	
小売・サービス業	4千万円以上	5人以下を除く	中会社
その他の業種	5千万円以上	5人以下を除く	
卸売業	7千万円未満	または5人以下	
小売・サービス業	4千万円未満	または5人以下	小会社
その他の業種	5千万円未満	または5人以下	

判定2

	年間取引金額	判定
卸売業	30億円以上	
小売・サービス業	20億円以上	大会社
その他の業種	15億円以上	
卸売業	2億円以上30億円未満	
小売・サービス業	6千万円以上20億円未満	中会社
その他の業種	8千万円以上15億円未満	
卸売業	2億円未満	
小売・サービス業	6千万円未満	小会社
その他の業種	8千万円未満	

複数の区分に該当する場合には、上位の区分に該当するものとする。

63

⑪ 類似業種比準価額の算出法（取引相場のない株式）

Key Concept

> 大会社の取引相場のない株式について支配株主の場合は、「類似業種比準価額方式」で評価されます。

　この評価方法は、<u>同業種の上場会社の株価を基準として、1株当たりの配当金額、1株当たりの年利益金額、純資産の3つを、自社のそれぞれの実質値と比準させるもの</u>です。ただし大会社に区分される会社は純資産価額方式を選択してもよいことになっていますから、類似業種比準価額方式で算出した価額が、純資産価額を上回るときは、純資産価額方式を採用したほうが有利になります。

　この方式で評価される会社は、配当を低くおさえたり、利益を圧縮したりすることによって、株式の評価額を下げることができます。

　さらに、配当、利益、純資産のそれぞれの金額がいずれもゼロであるものは、純資産価額方式で評価することになります。

　類似業種比準価額方式は、評価会社の、1株当たりの配当、利益金額、純資産価額、および類似業種上場会社の1株当たりの配当、利益金額、純資産価額を比較します。その比率の平均を、類似業種上場会社の平均株価にかけたものが、評価額となります。詳しい計算式を次ページに紹介します。

 ●評価に必要な書類は？

　非常に難しい評価方法なので、専門家に任せた方が無難です。その際も、揃えなければならない書類があります。評価会社の配当などは、過去2年間の実績から算出するので、過去2年間分の決算書、法人税の確定申告書を用意しなければなりません。さらに、申告の際に「類似業種比準価額の計算明細書」を使用します。

●類似業種比準価額の求め方

$$\text{類似業種比準価額} = A \times \frac{\dfrac{ⓑ}{B} + \dfrac{ⓒ}{C} + \dfrac{ⓓ}{D}}{3} \times {}^*0.7$$

A……類似業種の株価
　　　（相続開始の月と前月と前々
　　　　月、相続開始の月以前2年
　　　　間の平均株価と前年平均株
　　　　価のうち、最も低い価額）

B……類似業種の1株当たりの配
　　　当（金額）

国税庁が公表する「類似業種
比準価額計算上の業種目」お
よび「業種目別株価等」に記
載されている。

C……類似業種の1株当たりの年利益金額

D……類似業種の1株当たりの純資産価額

ⓑ……評価したい会社の1株当たりの配当（金額）
　　　（直前期末以前2年間の年平均配当額を1株当たりの資本金
　　　　等の額を50円とした場合の発行済株式数で割った金額）

ⓒ……評価したい会社の1株当たりの利益金額
　　　（直前期末以前の1年間の法人の課税所得金額を基準にして
　　　　算出された額または直前期末以前2年間の課税所得を規準
　　　　にして算出された額の平均額を1株当たりの資本金等の額
　　　　を50円とした場合の発行済株式数で割った金額）

ⓓ……評価したい会社の1株当たりの純資産価額
　　　（直前期末の払込済資本金額と法人税法で定義された資本
　　　　積立金額に法人税法で定義された利益金額を加え、この
　　　　合計額を1株当たりの資本金等の額を50円とした場合の発
　　　　行済株式数で割った金額）

＊比準要素が3つに限定されていることや、市場で流通されていない株式の評価である
　ことから、その点を考慮して0.7をかけている（ただし、中会社は0.6、小会社は0.5）。

⑫ 純資産価額の算出法（取引相場のない株式）

Key Concept

> 小会社に区分された会社の株式の評価法です。会社の資産を相続税の評価基準によって評価替えした金額を基準にします。

　小会社の株式評価に用いるのが、**純資産価額方式**です。純資産価額方式とは、会社の資産を算出する方法です。

　評価会社の資産を相続税評価基準によって評価替えをし、その合計額から負債を差し引いた金額（純資産額）を基礎にして、株式を評価します。この評価方法だと、土地などの含み資産が多いほど、株価が高くなるという結果になります。

　また、会社の資産合計額は、相続税評価法で計算するため、帳簿上の数字とは合いません。

　純資産価額を算出する日は、相続が発生した日（＝被相続人が死亡した日）になります。そのため、原則として相続が発生した時点で一度帳簿を締め、仮決算を行った上で、会社資産の評価替えをしなければなりません。

　右ページの計算式で、純資産価額を算出しますが、この純資産価額には、借地権といった簿外の資産も含めなければなりません。その一方、帳簿にあったとしても、繰延資産など評価しなくてもいいものがあります。次ページの下にまとめてあるので、チェックしてください。

　負債は、支払手形や未払手形などすべての債務が認められます。帳簿に負債がない未納税金なども負債として認められます。

　申告では、株式の評価を行うときに「1株当たりの純資産価額（相続税評価額）の計算明細書」を使用します。

●同族グループの議決権割合が50%未満のときは減額

　同族グループの議決権割合が50%未満のときは、評価額は、算出した額から20%減額することができます。完全同族支配とそうでない場合では、評価方法に差をつけているのです。

●純資産価額の算出法

$$\text{1株当たりの純資産額} = \frac{\overset{\text{総資産額}}{\text{(相続税評価額)}} - \overset{\text{負債}}{\text{合計額}} - \boxed{\begin{array}{c}\text{評価差益に対する}\\\text{法人税相当額}\end{array}}}{\text{発行株式数} - \text{自己株式数}}$$

評価差益に対する法人税相当額の求め方

$$\left(\boxed{\begin{array}{c}\text{相続税評価額に}\\\text{よる総資産額}\end{array}} - \boxed{\begin{array}{c}\text{負債}\\\text{合計額}\end{array}}\right) - \left(\boxed{\begin{array}{c}\text{帳簿価額による}\\\text{総資産額}\end{array}} - \boxed{\begin{array}{c}\text{負債}\\\text{合計額}\end{array}}\right) \times 37\%$$

※評価基本通達 186-2による

●資産として評価するもの
・借地権（相続税評価額に借地権割合をかける）
・生命保険金請求額
・特許権、意匠権　など

●資産として評価しなくていいもの
・仮払金（旅費の未精算分など）
・前払費用
・繰延資産

純資産価額方式とは、すなわち会社が持っている資産を時価に直す評価の仕方です。

類似業種比準価額方式と純資産価額方式の併用（取引相場のない株式）

Key Concept

中会社は、類似業種比準価額方式と純資産価額方式の併用で評価されます。中会社は大、中、小に分けて分類します。

　中会社の株式は、類似業種比準価額方式と純資産価額方式の併用によって、評価されます。

　中会社といっても、規模は幅広く、さまざまです。大会社に近い規模の中会社もあれば、小会社に近い規模の中会社もあります。そこで、中会社を、さらに大、中、小の3つの種類に分けて、それぞれの会社の株式の評価をすることになっています。大会社に近い中会社は類似業種比準価額方式にウエイトを置き、小会社に近い中会社には、純資産価額方式にウエイトを置くことになっています。

　この"ウエイト"の割合は、"L"という記号で表されます。このLには0.9、0.75、0.6 の3つの種類があり、中会社の大には 0.9、中会社の中には0.75、中会社の小には 0.6 の数値がそれぞれ適用されることになっています。

　併用方式は、**株価＝類似業種比準価額×L＋純資産価額×（1−L）**の計算式によって、それぞれの評価が求められます。

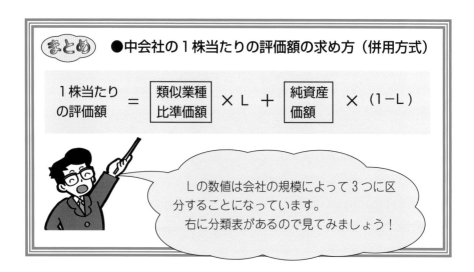

まとめ　●中会社の１株当たりの評価額の求め方（併用方式）

$$１株当たりの評価額 ＝ 類似業種比準価額 × L ＋ 純資産価額 × （1−L）$$

Lの数値は会社の規模によって３つに区分することになっています。
右に分類表があるので見てみましょう！

●中会社の大、中、小の区別方法

Lの比率	会社区分	卸売業		小売・サービス業		その他の業種	
		直前期末の総資産額（帳簿価格での区分）	直前期末以前1年間の取引金額による区分	直前期末の総資産額（帳簿価格での区分）	直前期末以前1年間の取引金額による区分	直前期末の総資産額（帳簿価格での区分）	直前期末以前1年間の取引金額による区分
0.9	中会社の大	4億円以上（従業員35人以下を除く）	7億円以上30億円未満	5億円以上（従業員35人以下を除く）	5億円以上20億円未満	5億円以上（従業員35人以下を除く）	4億円以上15億円未満
0.75	中会社の中	2億円以上（従業員20人以下を除く）	3億5,000万円以上7億円未満	2億5,000万円以上（従業員20人以下を除く）	2億5,000万円以上5億円未満	2億5,000万円以上（従業員20人以下を除く）	2億円以上4億円未満
0.6	中会社の小	7千万円以上（従業員5人以下を除く）	2億円以上3億5,000万円未満	4千万円以上（従業員5人以下を除く）	6千万円以上2億5,000万円未満	5千万円以上（従業員5人以下を除く）	8千万円以上2億円未満

　上の表のように、Lの数値は、それぞれの会社の規模によって決まります。表の中の、「直前期末の総資産額」と「直前期末以前1年間の取引金額による区分」による数値が異なるときは、どちらか大きい数値に当てはまるケースを採用することになっています。たとえば、卸売業で、総資産額が3億円で従業員数が25人、取引金額が20億円のときは、中会社の大ということになります（総資産額3億円の卸売業は中会社の中、取引金額が20億円のときは中会社の大にそれぞれ該当することになる）。

　また同族グループの議決権割合が50％未満の株主の場合、純資産価額については、20％の評価減が認められます。

配当還元価額の算出法（取引相場のない株式）

Key Concept

株式の配当を、資本還元して評価する方法を、配当還元価額方式といいます。少数株主の株式の評価に使います。

　取引相場のない株式における原則的評価法として類似業種比準価額方式や純資産価額方式、およびその併用方式による評価の仕方を紹介してきましたが、特例的なものとして、株式の配当を資本還元することによって株式を評価する方法で、配当還元価額方式というものがあります。同族株主グループが経営する会社の非同族株主が持つ株式の評価をするときにのみ適用可能です。この方法では、事前に配当を低くおさえることでほかの原則的評価方法よりも低い金額で評価することができます。

　配当還元価額方式による株式の評価額は、その株式にかかる年配当金額を基にして（記念配当や特別配当は除く）、下記の算式により計算した金額によって評価します。

　このとき、下記算式の年平均配当金額については過去2年間無配だった場合や、その配当が1株あたり2円50銭未満だった場合は、2円50銭として計算します。

●配当還元価額方式が認められる株主

① **同族株主**でない株主

② **中心的な同族株主**がいるときは、取得後の議決権割合が5%未満の株主で、その会社の役員でないもの

> 〈同族株主とは〉
> ・ひとつの同族グループで、議決権割合の50%超を取得しているケースでは、そのグループに含まれる株主。
> ・どの同族グループの議決権割合も50%未満のときは、議決権割合が30%以上のグループに含まれる株主。
>
> 〈中心的な同族株主とは〉
> ・課税時期に、本人と本人の配偶者、直系血族の兄弟姉妹、一親等の姻族の議決権割合の合計が25%以上の場合。

●同族株主がいないときは？

同族株主がいない場合、次の人々に配当還元価額方式が認められます。

① 本人、同族関係者の議決権割合が、合計しても15%未満の株主

② 本人、同族関係者の議決権割合が15%以上でも、ほかに**中心的な株主**がいて、本人の取得後の議決権割合が5%未満の株主

> 〈中心的な株主とは〉
> ・議決権が15%以上の株主グループのうちに、単独で10%以上の議決権を持つ株主。

ワンポイントアドバイス ●どちらの価額方式を選択する？

配当還元価額方式は、少数株主への特典として設けられたものです。そこで類似業種比準価額方式等で算出された評価額が、この配当還元価額方式で算出された評価額より低ければ、類似業種比準価額方式等での評価が認められます。

Section2　財産の評価の仕方

⑮ 公社債の評価額

Key Concept

公社債は、①利付公社債、②割引公社債、③転換社債、の３つに分けて評価します。

　金融商品として投資対象になる公社債とは、一般企業や国、地方自治体などが、一般投資家から資金調達をするために発行する有価証券のことをいいます。公社債は利付公社債、割引公社債、転換社債に分けて次のように評価します。

> **① 利付公社債**
> 　券面にクーポン（利札）がついている公社債です。普通、年２回の利息が支払われます。
> **【評価の仕方】** 前回の利払い日から相続日までの利息を、公社債の元本、または市場価格に足して、どちらか低いほうを評価額にします。

> **② 割引公社債**
> 　定期的な利払いはありませんが、その分、券面額より割引いた価格で発行されます。
> **【評価の仕方】** 発行価格あるいは市場価格に、相続日までの既経過償還差益（実質的な利息）を加えて、いずれか低いほうを評価額にします。

> **③ 転換社債**
> 　ある期間が経過すると、その発行会社の株式に転換できる社債です。
> **【評価の仕方】** 会社の株価が転換価格以下のときは利付公社債と同じ価格方法となり、株価が転換価格を超えるときは、転換社債の市場価格を基に評価します。

　上記が正式な評価ですが、大まかに見る場合には、どの公社債も額面金額が取引金額とほぼ同じと考えてもさしたる差はないでしょう。

　また、公社債が上場されているなど、市場流通性がある場合で、市場価格が発行価格より低いときは、市場価格での評価が認められます。

●公社債の評価額の求め方

①利付公社債

Ⓐ 評価額＝（発行価格 ＋ 税引後の $\boxed{既経過利息}$ ）× $\dfrac{券面額}{100}$

$$※既経過利息＝\dfrac{\substack{前回の利払日から\\相続日までの日数}}{365} × 100 × 利率$$

※税引後の既経過利息＝既経過利息－（既経過利息×20％）

Ⓑ 評価額＝（市場価格 ＋ 税引後の既経過利息）× $\dfrac{券面額}{100}$

※ ⒶⒷ の低いほうの金額で評価

②割引公社債

Ⓒ 評価額＝ $\left\{ \substack{発行価格 ＋ （券面額 (100円) －発行価格）\\[6pt] × \dfrac{発行日から相続日までの日数}{発行日から償還期限までの日数}} \right\}$ × $\dfrac{券面額}{100}$

Ⓓ 評価額＝市場価格 × $\dfrac{券面額}{100}$

※ ⒸⒹ の低いほうの金額で評価

③転換社債

・株価が転換価格より低い場合は利付公社債と同じ計算式

・株価が転換価格を超える場合

（市場価格＋税引後の既経過利息）× $\dfrac{券面額}{100}$

ゴルフ会員権、書画・骨とう品の評価額

Key Concept

> ゴルフ会員権とは、ゴルフクラブを利用できる会員であるという
> 地位（＝権利）をいいます。これにも財産性があるのです。

●ゴルフ会員権の評価の仕方

　ゴルフ会員権は、財テク商品として取り引きされているものです。換金性も高く、値上がりも期待できることから、相続財産として、相続税の課税の対象となります。しかし、株式と同じように、値段は絶えず上下します。そのため、評価方法も、以下の3つの形態によって区分されています。

① 株主でなければ、会員となれない会員権（株式制）

② 株主であり、かつ、預託金を払わなければ会員となれない会員権
　（株式預託金並存制）

③ 預託金を支払わなければ、会員となれない会員権（預託金制）

　さらに、取引相場のある会員権とない会員権に分かれますが、ゴルフ会員権のほとんどが取引相場のあるものと考えてかまいません。取引価格の70％相当額が、評価額と見ていいでしょう。

　なお、プレー権のみの会員権の場合は評価しないこととなっています。

●書画・骨とう品の評価の仕方

　書画・骨とう品などの評価は、次の2つの区分によって評価します。

① 被相続人が書画・骨とう品の販売業者で販売目的で持っていたとき

　　a、bのうち、どちらかの方法が選択できます。

　　a. 所得税、法人税で採用されている棚卸資産の評価額

　　b.（販売価格－適正利潤－予定経費－消費税）による評価額

② 実質実例価額（売買価額）や精通者意見価額

　　精通者意見価額とは、プロの鑑定家が評価した価格が評価額になるというわけです。素人が勝手に判断したとみなされた場合、税務署に認めてもらえません。誰に鑑定してもらえばいいかわからなければ、税務署に相談してアドバイスを受けましょう。

●ゴルフ会員権の評価の仕方

　ゴルフ会員権も株式と同じように売買され、相続財産として認められます。その際、取引相場の有無によって評価方法も異なります。

評価区分		評価方法
（1）取引相場のある会員権	①下記②以外の会員権	課税時期（つまり相続または贈与した日）における通常の取引価格^(注1)×70%
	②取引価格に含まれない預託金等がある会員権	（イ）課税時期において直ちに返還を受けることのできる預託金等 課税時期における通常の取引価格×70%＋Ａ　課税時期に直ちに返還を受ける預託金等の額 ------------------------------------ （ロ）課税時期から一定期間経過後に返還を受けることができる預託金等 課税時期における通常の取引価格×70%＋Ｂ　返還を受ける預託金等について課税時期から返還を受けることができる日までの期間（その期間が1年未満であるときまたはその期間に1年未満の端数があるときは、これを1年とする）に応ずる基準年利率による複利現価相当額
（2）取引相場のない会員権	①株式制度を採用する会員権	課税時期において株式として評価した金額
	②株式制度と預託金制度を併存採用する会員権	課税時期において株式として評価した金額＋返還を受ける預託金につき、返還時期に応じて上表（1）②の（イ）Ａまたは（ロ）Ｂに掲げる方法により計算した金額
	③預託金制度を採用する会員権	返還を受ける預託金につき、返還時期に応じて、上表（1）②の（イ）Ａまたは（ロ）Ｂに掲げる方法により計算した金額
（3）プレー権のみの会員権		評価の対象にならない

（注1）通常の取引価格は、ゴルフ会員権の精通者意見価格として、各国税局から管内所在のゴルフ場に関して調査した資料『ゴルフ会員権（個人正会員）の精通者意見価格等一覧』が公表されています。

17 その他財産の評価のやり方

Key Concept

自動車や家財道具、電話加入権も財産のうちです。これらにも相続税はかかりますから、キチンと評価しましょう。

　遺産や財産といったときに、誰もが思い浮かべるのは、土地や現金でしょう。このほかに、電話加入権や債権など「無体財産権」にも相続税はかかります。財産とは、「金銭に見積もることができるもの」と定義づけられるものです。

●無体財産権の評価

ワンポイント
アドバイス

《自動車の評価》

・調達した価額

・新品の小売価額 － 経過年数に応じた減価

　　　いずれかを選択

《家財道具など家庭用動産の評価》

・調達したときの価格

（ただし、1個または1組5万円以下のものは一括で評価

　……例：家財道具一式100万円）

《電話加入権の評価》

売買実例価額、精通者意見価格等を参酌して評価する（令和3年1月1日以降）。

※相続税等の申告にあたっては、一括して評価する家庭用財産等に含めることとして差し支えない。

《特許権の評価》

・将来もらえる補償金の額に基準年利率による複利現価率を乗じた金額の合計

　（補償金が50万円に満たないときは評価ゼロ）

《棚卸資産の評価》

　個人で商店や会社を経営している人は、商品の在庫等の棚卸資産を棚卸財産として評価しなければなりません。

　棚卸資産の評価は、販売価額から適正利潤額、予定経費、消費税を差し引いて算出します。

・商品・製品の評価額
　　＝販売価額　－（適正利潤額＋予定経費＋消費税額）
・原材料・半製品の評価額
　　＝原材料などの仕入れ価額－材料の引き取り、加工に必要な経費

《売掛金、貸付金、未収金などの評価》

　個人で事業をやっていれば、売掛金、貸付金、未収金などがあるのが普通です。これらの評価は、返済されるべき元本に、前回の利息の支払い日から相続日までの期間にかかる利息を加えた金額になります。

・貸付金（売掛金、未収金）の評価
　　＝返済される元本　＋　前回の利息の支払い月から相続日までにかかる利息

《生命保険の評価》

・解約払戻金相当額

　そのほかにも、営業権、著作権、船舶、動物、樹木、果樹などにも評価のやり方があります。もし、それらの財産があるなら、税務署で評価のやり方を確認しましょう。

　相続税対策として、親が子供のマイホームの資金を提供するのは、よくあるケースです。親子間の住宅資金の贈与は申告すれば2,500万円まで無税ですが（住宅取得資金に係る相続時精算課税制度）、それを超える金額の援助には、贈与税がかかります。その事実を知らずにマイホームを親からの援助で建て、あとから贈与税を課税されて、あまりに高額なため支払いきれず、泣く泣くせっかく建てたマイホームを売却しなければならなかったという、笑うに笑えない実例もあるくらいです。

　では、税務署は、どうやって贈与があったという事実をつきとめるのでしょうか？　見ていくことにしましょう。

●住宅資金の出どころを探る方法

　税務署が、住宅を建てたとき、その資金の出どころを探るのに、まず、誰が家を購入したのかから調査します。その調査は、登記所、市役所（区役所）、電力会社などで行います。

　不動産を購入すると、所有権の移転登記を登記所で行います。税務署員は、登記所で登記簿を閲覧し、不動産の購入者の住所・氏名をチェックします。

　新築のマイホームのときは、役所の建築課で調査するという方法もとられます。新築の場合、役所の建築課に建築確認申請書を提出しなければなりませんから、そこから誰が家を建てたかを調査することもできるのです。

　税金逃れのために、登記しない人や建築確認申請をしない人もいるかもしれません。そこで、電力会社で調べられるというケースもあります。マイホームを新築したときは、電気工事を行います。税務署は、電力会社に提出する電気使用申込書から、住宅の購入事実をキャッチするわけです。

●株式の購入資金の出どころを探る方法

　親の遺産である株式を、申告せずに相続した場合、税務署はどうやって、その事実を探るのでしょうか？　税務署は、一決算期中の大口の株式の取得者について、「異動調書」の提出を上場会社に求めています。異動調書には、株を所有する人の住所・氏名・株数・取得した日付等が記されています。この異動調書で株の所有者の異動を調べ、それがどのような形で引きつがれたかを調べるのです。

●高級車購入資金の出どころを探る方法

　車を買ってもらったのはいいが、そのあとで、贈与税を課税されてしまうケースもあります。すべての車について調べることはないのですが、高級車については、陸運事務所から購入資料を手に入れるのです。

　以上の方法で税務署は、不動産や株式、高級車などの取得事実をつかみます。そうすると、税務署では、その資金の出どころを調査します。具体的な方法は、「お買いになった資産の買入れ価額などについてのお尋ね」という文書を、取得者に郵送します。税務署がチェックするポイントは次のようなものになります。

---

① 自分のお金で購入されたものであるならば、その所得申告が明確に行われたかどうか。
② 借入金でまかなったときは、返済能力があるのかどうか。

　税務署はその返信を検討し、贈与や相続、所得の申告もれの疑いがあると、来署通知を送付し、税務調査を行います。

　相続税の税務調査は、通常、9月～12月に行われます。相続の調査が行われるのは、全体の約30～40％くらいといわれています。これは、所得税の調査と比べると10倍以上です。所得税の調査とのいちばんの相違は、相続税の調査には帳簿が存在しないことでしょう。

　また、当の本人が亡くなっているため、税務署による事前の調査は念入りに行われています。ひとつひとつの税務署の質問は、すべて財産を把握するために行われるものです。税務署の資料情報力は、非常に緻密です。下記のようなことは、必ず事前に行われると思ってください。

---

① 被相続人の所有固定資産の確認を市区町村に照会します。不動産はすべて把握ずみです。

② 被相続人の預金通帳は、7年くらいさかのぼって銀行に照会されます。

③ 相続人の預金通帳も銀行に照会されます。

　（相続税の調査は隠している財産がないかの確認作業です）

　調査の主な作業は、申告書に記載されている財産以外のものを中心に行われます。申告書に書いていない財産、つまり隠している財産、見落としている財産を発見するために行われるのです。税務署はあらゆる方法を使って隠れている財産を見つけ出します。何気ない質問もすべて隠し財産への探求と思ってください。巻末（➡ p226）に税務調査のポイントを掲載しましたので参考にしてください。

●名義が相続人でも被相続人の財産として申告すべきものもある

　当然、被相続人の財産の調査は行われますが、相続人の財産の調査も行われます。たとえばですが、相続人がサラリーマンだとします。何千万、何億円もの定期預金がその相続人にあるとしましょう。こういった場合、その相続人の年収がかなり高い、株式の運用で儲けたなど特別な理由があるはずです。このような理由がない場合は、被相続

人からの単純な移転かもしれません。それも適正に贈与の手続きを経ていないことも考えられます。名義のみが相続人であり実質は被相続人の財産であると考えられる場合は、被相続人の財産として申告しなければなりません。

　特によく見られるケースを紹介します。

　親心から子供には黙って毎年、数百万円もの定期預金を相続人（子供）の名義で作るといったケースです。1年間で150万円の定期預金を積み立てるとすると、10年で1500万円になります。相続人の名義で定期を作ることに悪意はないでしょう。しかし名義が相続人になった預金は本当に相続人のものでしょうか？　その際、贈与として贈与税を支払えばよいのですが、そういった手続きもせずに相続人の名義にしたり、その定期預金の管理自体も親本人が行っているとします。このような場合、たいていその定期預金自体も相続人は知らないでしょう。こうなると実質は相続人のものでなく親（被相続人）のものであるため、相続税法上は被相続人の財産として申告する必要があるのです。

　相続税は名義にとらわれず、実質で判断するのです。下記にそのポイントを記載します。

① 通帳の出し入れ等の管理は誰がしているか？
② 名義が被相続人以外のものである場合、当の本人はその財産を知っているか？
③ 銀行印は相続人のものか？
④ 通帳の保管場所はどこか？
⑤ 贈与税の申告はしたか？
⑥ 通帳を新規に作った場合、通帳の新規申し込み書は相続人が自署したものか？

　上記の点で被相続人しか関係していないと判断される場合には、相続税の対象となってしまいます。

相続
ここをチェック!!

財産リストを作る
・残された人たちのために財産リストを
作る

●税理士からの一言

①銀行預金の通帳がない、または銀行預金がどこにあるかわからない。
②銀行預金の銀行印がない、またはわからない。
③生命保険の保険証券がない、有価証券の株券がない。
④不動産の権利証がない、ゴルフ会員権がない。
⑤貸し金庫の鍵がない、または貸し金庫の場所がわからない。

　上記のようなことはあり得ないことと考えられがちですが、実は結構あります。当然ですが相続が発生するということは、財産を唯一管理していた本人はもういないのです。被相続人は相続人が困らないよう生前に財産管理をしっかりとし、まさかのときに備えておきましょう。

ポイント 1 通帳等が見つからないと大変

　相続後10ヵ月以内に遺産分割協議をし、相続税の申告をします。10ヵ月というのは長いようで実はかなり短期間です。この短い期間に通

帳や保険証券、株券などがないということでは、当然ながら10ヵ月では足りません。

　また、財産の存在を知らない場合ですが、税務調査などで発見された場合は申告もれになってしまいます。そうすると、相続人としては財産の存在を知らなかっただけかもしれませんが、税務署は隠していたと思う可能性も十分あります。隠していたと思われても証拠がないことなので仕方がありません。仮に隠していたということになると重加算税が課税されます。また、隠していた財産については配偶者がその隠していた財産を相続しても配偶者の相続税の軽減は使えません。本当に踏んだりけったりです。

遺産分割協議書や遺言だけでは名義変更できない

　遺言や遺産分割協議書があれば名義は変更できると思っている方が多くいるようですが、実際の通帳や株券、権利証がないと名義は変更できません。もちろん再発行はできますが、思った以上に時間がかかります。

財産リストを作る

　そこで、財産リストを事前に作っておきましょう。残された相続人が財産のすべてを把握していることは稀です。そのため次頁のような財産リストを作成しておくと相続人は非常に助かります。資産を持った親の最後の責任として、ぜひとも財産リストの作成をおすすめします。

■財産リスト例

項目	保管場所	使用印鑑	備考
○○銀行／○○支店	台所の机	〔印〕	
○○株	○○銀行の貸し金庫	〔印〕	5000株
土地の権利証	○○銀行の貸し金庫		○○区○○町
家屋の権利証	○○銀行の貸し金庫		○○区○○町

相続税の計算の仕方

　Section 2 では相続財産として評価の対象となるものおよびその算出法について見てきたわけですが、ここではひとつステップを進めて、自分の相続財産額から実際に国に支払うべき税額の算出方法について見ていくことにします。相続人が置かれている状況によって控除されたり加算されたりするなど、実際の納付税額を算出するためにはいくつかの工程に着目し、把握しておく必要があります。

相続税のかかるもの、かからないもの

Key Concept

お金に換算できるものには、すべて相続税が課税されます。例外として墓地や仏具は課税対象からはずされます。

　被相続人から受けついだものは、金銭に換算できるものは、すべて相続税の対象になります。現金や預貯金はもちろん、不動産や有価証券、車、貴金属なども対象です。ほかにも、家財道具も財産として見なされるわけですから、それこそカサやスリッパにいたるまで財産として評価されます。

　逆に、お金に換算できないもの、たとえば父親の事業を引きついで得た人脈や、商売上のアイデアといったものは課税の対象にはなりません。

【課税の対象となる財産リスト】

現金・預貯金	現金や預貯金、定期預貯金など
土地	田／畑──自作地だけでなく、貸付地も借地も含まれる 宅地──居住用宅地、事業用宅地のほか、貸付地、貸家建付地、借地も含まれる 山林、原野、牧場など
家屋	家屋──自用家屋、貸家、店舗など 　　　　（門や塀などの施設も含まれる） 構築物──駐車場、広告塔など
有価証券	株式──上場株、非上場株 公債、社債
事業用財産	商品──商品、製品、原材料など 設備──機械設備、器具、自動車など 売掛金
家庭用財産	家具、書画・骨とう品、貴金属、電話加入権など
その他	立木、果樹、特許権、著作権、ゴルフ会員権など

お金に換算できる財産は、基本的に相続税の課税対象になりますが、例外として課税対象から除くことができるものもあります。

墓地や仏壇などは非課税財産として認められます。ただし、あまりに高額な仏像を骨とう品として所有している場合などは、非課税というわけにはいきません。相続税対策といって、貴金属で仏壇や仏像を作ったり、広大な土地を購入して墓地だと主張したりしても、非課税財産とは認められないでしょう。

【相続税の非課税財産】

墓地や仏壇、仏具神棚、神具	相続人が受け取った保険金のうちの一定の額	相続人が受け取った死亡退職金のうちの一定の額	相続財産を国や自治体に寄付した場合の寄付財産
相続財産を特定公益信託に支出したときの額	公益事業を行う人が取得した財産のうち、公益事業に使うもの		心身障害者共済制度における給付金の受給権

●生命保険を相続したときの非課税率・非課税率限度額は？ TOPICS

　生命保険は、相続税の課税対象となります。しかし、故人が残された遺族の生活を保障するために残した財産ですから、相続人が取得したケースのみ、一定金額までが非課税財産として認められます。

　その限度額は、500万円×法定相続人数を基本とします。このとき、相続人がそれぞれ異なる保険金を相続しても、各人の非課税限度額の割合は、同じになります。

《例》生命保険金9000万円を配偶者、子供2人で相続したケース

500万円に人数をかけて生命保険全体にかかる非課税限度額を出す。

$$\frac{500万円 \times 3（非課税限度額）}{9000万円（生命保険金総額）} = \frac{1}{6}（非課税率）$$

　この生命保険金を配偶者が4500万円、長男が2500万円、次男が2000万円取得すると仮定すると、

☆配偶者の非課税限度額＝$4500 \times \frac{1}{6} = 750$（万円）

☆長男の非課税限度額　＝$2500 \times \frac{1}{6} \fallingdotseq 417$（万円）

☆次男の非課税限度額　＝$2000 \times \frac{1}{6} \fallingdotseq 333$（万円）　となります。

Section 3

87

相続税の計算のやり方

Key Concept
相続税額は、①課税価格の計算 ②相続税の総額の計算 ③相続人
それぞれの納付税額の計算 の3つの手順を経て算出されます。

　相続税額の計算の流れについて理解しておく必要があります。相続税額
の計算は、次の3つの区分にしたがって進めます。

> ① 課税価格の計算
> ② 相続税の総額の計算
> ③ 相続人各人の納付税額の計算

《ステップ① 課税価格の計算》

　課税価格とは、相続または遺贈で財産をもらった人のそれぞれにつき相
続税の課税対象になる金額です。相続人（または受贈者）各人で計算し
ます。相続財産は土地その他すべてを金額に換算して、課税価格を計算
します。お金に換算したら、その金額から、債務、葬式費用等の非課税
財産分を差し引きます。「みなし相続財産」（➡ p91）があるときは、その
分を加算します。原則として、「相続開始前※7年以内の贈与財産」（➡ p91）
や「相続時精算課税制度」（➡p118）の選択をしていればそれも加算します。

《ステップ② 相続税の総額の計算》

　各人の課税価格が算出できたら、その課税価格を合計します。この合計
額から基礎控除額を差し引いて、課税遺産総額を算出します。次に課税
遺産額を、仮に民法の法定相続分と同じ割合で相続したとした場合の金
額を相続人各人の取得金額とします。各人のこの金額に、税率を適用し
てそれぞれの税額を計算します。そして、各人の相続税額を合計して、
相続税総額を求めます。

《ステップ③ 相続人各人の納付税額の計算》

　最後に、実際の財産取得に対する各人の納付税額の計算をします。相続
税総額を相続人が取得した課税価格の比率に応じて各人に案分します。
この案分された額からそれぞれの相続人の控除額を差し引くと、相続人
それぞれの納付税額が算出されることになります。

※2024（令和6）年1月1日以降の贈与から適用。それ以前は3年（詳しくは➡ p91）。

●**相続税の計算のやり方**

ステップ①	
課税価格の計算	●すべての財産を全部金銭に換算
相続・遺贈によって財産を受けついだ相続人各人別に計算	●換算した財産額 − ※①非課税財産 − 債務および葬式費用の額＋※②みなし相続財産＋※7年以内の生前贈与＝相続人各人の課税価格 （相続時精算課税制度の選択を受けていればその贈与財産を加算する）

ステップ②	
相続税総額の計算	●相続人各人の課税価格を合計する
財産を受けついだ相続人全員の負担税額の合計	●合計額 − 基礎控除 ＝ 課税遺産総額 ●課税遺産総額を法定相続分で相続したと仮定して各相続人の相続税を計算 ●各人の相続税を合算する

ステップ③	
それぞれの相続人の納付税額の計算	●相続税額を実際に分割する割合で案分
さまざまな控除額を当てはめて、1人ごとの納付額を算出	●各人に案分された税額 −各人の 控除額 ＝各人の納付税額

※① 非課税財産‥‥‥‥ 墓地や仏壇・仏具は非課税財産として認められています。ほかにも生命保険金や死亡退職金の一定の金額も含まれます。

※② みなし相続財産… 被相続人が死亡したあとに入金される生命保険金や死亡退職金などで、相続財産として、相続財産に加算します。

③ 課税価格を算出する

Key Concept
> **課税価格とは、相続や遺贈で財産を受けついだ相続人のそれぞれ**
> **の課税対象のことをいい、個別に計算します。**

　相続税の計算は、課税価格を計算するところから、スタートします。課税価格は、本来の相続財産に、みなし相続財産を加算して、非課税財産、債務控除を差し引いて計算します。計算は、下の計算式の手順で行います。

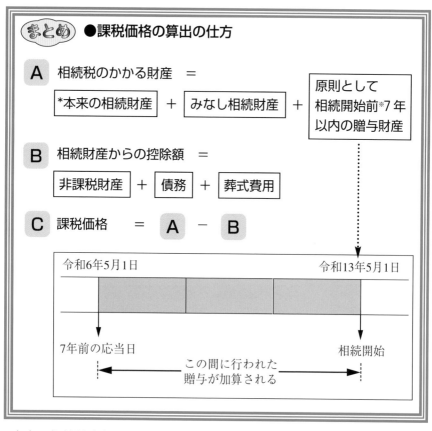

まとめ ●課税価格の算出の仕方

A 相続税のかかる財産 ＝

*本来の相続財産 ＋ みなし相続財産 ＋ 原則として 相続開始前※7年 以内の贈与財産

B 相続財産からの控除額 ＝

非課税財産 ＋ 債務 ＋ 葬式費用

C 課税価格 ＝ A － B

令和6年5月1日　　　　　　　　　　　令和13年5月1日

7年前の応当日　　　　　　　　　　　相続開始

この間に行われた贈与が加算される

*本来の相続財産とは、相続や遺贈によって受けつがれた土地や家屋、有価証券など被相続人の財産で、Section2 で述べた相続税の評価基準で算出した価額の総合計額です。

※2024（令和6）年1月1日以降の贈与から適用。それ以前は3年（詳しくは→ p91）。

「みなし相続財産」とは、被相続人の死亡時点では相続財産とはなっていなかった、被相続人が保険料を支払っていた保険金や死亡退職金などのことで、それぞれの受取人の課税価格に加算されます。

次に、「相続開始前*7年以内の贈与財産」（相続時精算課税制度は年数に関係なく基礎控除の年間110万円を除いてすべて）を加えなければなりません。ただし、相続開始前4〜7年の間に行われた贈与については、その4年間で合計100万円までは相続財産に加算しないルールです。

相続前*7年以内というのは、たとえば令和13年5月1日が相続開始（＝被相続人が死亡した日）とすると、その*7年前の令和6年5月1日から応当日ということになり、その日以後の贈与財産が加算されます（前ページ下図参照）。

次に、控除できる分の計算をします。まずは、**非課税財産**分を差し引きます。非課税財産とは墓地や仏壇・仏具などのことです。さらに被相続人の借金や、未納の税金などの**債務控除**（→ p22）を差し引きます。さらに生命保険金や死亡退職金には相続人1人当たり500万円の控除が認められますから、この分も差し引きます。さらに葬式費用などを差し引くことで、課税価格が求められます。

【課税価格の算出例】

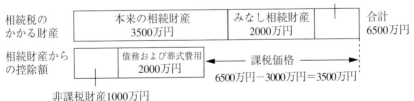

Section 3

ワンポイント　アドバイス　●生前贈与の評価額と相続時の評価額の優先順位は？

たとえば相続開始2年前に5000万円の評価額の土地を贈与されたとします。実際に相続が行われた2年後には、評価額は5500万円になっていた場合でも、あくまで贈与が行われた時点の評価額で計算します。

相続税の総額を算出する

Key Concept

相続税の総額は、それぞれの相続人が、法定相続分通りに財産を受けついだと仮定した上で算出します。

　課税価格の算出が終わったら、次は相続税総額を計算します。計算は次のページの手順にしたがって進めます。

　いちばん注意しなければならない点は、法定相続人が法定相続分通り財産を受けついだと仮定して計算していくということです。たとえ相続の放棄があったとしても、あるいは遺贈（→ p209）があったとしても、あくまでもそれには関係なく計算していきます。

　基礎控除額は3000万円。法定相続人が1人増えるごとに600万円ずつ増えていきます。課税価格を合計した額が、この基礎控除額以下であれば、相続税は全くかかりません。法定相続人が増えれば、相続税の額も減ってくるわけですから、有利になります。そのため節税目的に養子を迎えるケースがありますが、それにも限度があります。実子があるときは1人、実子がないときは2人までしか養子は法定相続人になれません。

【相続税の速算表（課税遺産額を法定相続分通り各相続人が受けついだケース）】

各相続人の取得金額	税率 （％）	控除額 （万円）	実質税率 （％）
1000万円以下	10	―	10.0
3000万円以下	15	50	10.0〜13.3
5000万円以下	20	200	13.3〜16.0
1億円以下	30	700	16.0〜23.0
2億円以下	40	1700	23.0〜31.5
3億円以下	45	2700	31.5〜36.0
6億円以下	50	4200	36.0〜43.0
6億円超	55	7200	43.0〜55.0

●相続税総額の計算のやり方

☆**各人の課税価格合計額**

☆**遺産にかかる基礎控除額の計算**

基礎控除額＝3000万円＋（600万円×法定相続人の数）

☆**課税遺産総額の計算**

課税遺産総額
　＝課税価格の合計額－遺産にかかる基礎控除額

☆**課税遺産総額を法定相続分の通りに**
　分割すると仮定した、各相続人の取得金額

各相続人の取得金額
＝課税遺産総額×各相続人
の法定相続割合

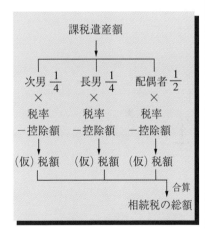

課税遺産額

次男 $\frac{1}{4}$　　長男 $\frac{1}{4}$　　配偶者 $\frac{1}{2}$
　×　　　　　×　　　　　×
税率　　　　税率　　　　税率
－控除額　　－控除額　　－控除額

（仮）税額　（仮）税額　（仮）税額

合算
相続税の総額

☆**各相続人の税額の計算**
各相続人の税額
＝各相続人の取得金額
×税率－控除額

☆**相続税総額の計算**
相続税総額
＝各相続人の仮りの税額を合計

上に示したように計算を進めていき
ます。相続税を実際にはじき出すまで
の過程をしっかり把握してください。

⑤ 各相続人の税額を算出する

Key Concept

相続税の総額を求めたら、その額を、各相続人が実際に取得した相続財産によって案分します。

　相続人それぞれの受けついだ財産に対する納付税額の方法について述べることにします。前項で述べた通り、相続税の総額の算出は、法定相続人が法定相続分にしたがって相続したものと仮定した上で行われます。

　これを基に各相続人の相続税を算出しますが、そのためには、各人が実際に取得した相続財産の割合をまず計算し、その割合を相続税の総額にかけた額を出します。その計算式を具体的に示します。

$$\text{相続税総額} \times \frac{\text{各相続人の課税価格}}{\text{課税価格の合計}} = \text{各相続人の案分税額}$$

　では、実際の数字を例に挙げて、案分計算してみましょう。

　具体例として、『課税価格──2億4800万円、相続人──妻、子供2人、各人が法定相続分の遺産を相続した』ケースを考えてみます。

　相続人の取得分を法定相続分として計算すると、

① **基礎控除額**─ 3000万円＋（600万円×3人）＝4800万円

② **課税遺産総額**─ 2億4800万円－4800万円＝2億円

→p92（表参照）

	課税遺産総額	法定相続分	税率	控除額	相続税額
③ **各相続人の税額**─ 妻	2億円	×$\frac{1}{2}$	×30%	－700万円	＝2300万円
子供	2億円	×$\frac{1}{4}$	×20%	－200万円	＝800万円
子供	2億円	×$\frac{1}{4}$	×20%	－200万円	＝800万円

④ **相続税総額**─ 2300万円 ＋ 800万円 ＋ 800万円 ＝ 3900万円

⑤ **妻の案分税額**— 3900万円 × $\frac{1}{2}$ = 1950万円

　子供の案分税額— 3900万円 × $\frac{1}{4}$ = 975万円

　これで、各相続人の相続税が算出されたわけですが、これがそのまま納付税額になるわけではありません。それぞれの相続人の事情によって控除があるからです。たとえば配偶者は、法定相続分または1億6000万円のどちらか多い額までは<u>無税</u>です。上の例でいうと、妻の受けついだ相続財産は、法定相続分（1/2）ですから、妻の納税額はゼロということになります。

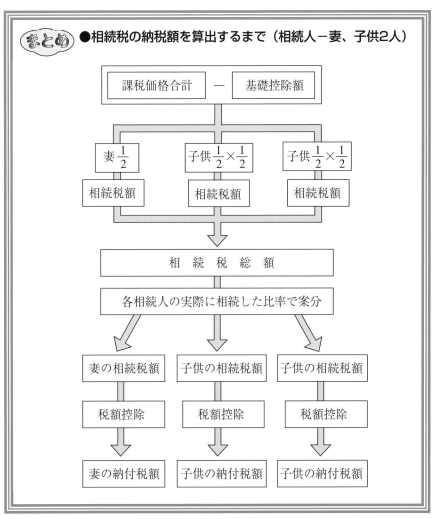

⑥ 相続税が２割高くなる場合がある

Key Concept

算出された額より、実際に納める相続税額が多くなるケースがあります。配偶者や一親等の親族以外の者が相続人のときです。

　これまでに、それぞれの相続人が支払わなければならない相続税額を計算しました。しかし、その算出額が、イコール納税額とならないケースもあります。算出された納税額がさらに高くなる場合、あるいは控除される場合があり、最終的な調整をすませたあとに納税額が決まります。

　納税額が高くなるケースでは「2割加算」があります。これは、<u>相続人のうち特定の人間だけが、相続税額が2割増になる</u>ということです。

　相続税の2割加算のケースは、相続人が次のような場合です。

> **【相続税２割増のケース】**
> ・配偶者ではない
> ・被相続人の一親等の血族ではない
> ・被相続人の養子となった被相続人の孫

　このケースでは、相続人が納付する相続税は2割加算されます。逆にいえば、遺産相続人が、「配偶者」「被相続人の一親等の血族（＝被相続人の父母、または子供）」のいずれかであれば、税額の加算はないということになります。

　ただし、被相続人の養子になった孫は被相続人の一親等の血族に該当しますが、相続税の2割加算の対象になります。

　具体的に、「2割加算」されるのは次のようなケースです。

・兄弟姉妹　・（代襲相続人でない）孫　・第三者

 ●最高税率は何％まで？

　相続税の最高税率は、55％になっています。それでは、20％加算したところ、55％を超えてしまった場合は、どうなるのでしょうか？　最高税率が適用される場合は、55％×1.2＝66％になります。

たとえば、相続権のない被相続人の孫が遺贈によって財産を受けつぎ、その相続税額が、200万円だったとします。

　このとき「2割加算」の原則により、加算される金額は

　　　200万円 × 20% = 40万円

ということになり、孫が納めなければならない相続税額は

　　　200万円 ＋ 40万円 = 240万円

となるわけです。

　兄弟姉妹は、相続順位が第3位で、相続の可能性は少ないわけですが、それで相続順位が高い人と同じ税額では不合理という考え方から2割加算が課されるのです。

　孫についても、本来なら親から子、子から孫へと受けつがれる財産が1段階とばされるわけで、1回分の課税がまぬがれているという考え方で2割加算が適用されます。

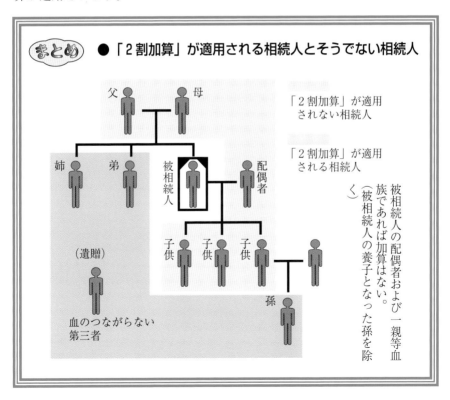

まとめ　●「2割加算」が適用される相続人とそうでない相続人

97

相続税の控除が認められるもの

Key Concept

納税額が安くなる「税額控除」があります。贈与税額控除、配偶者の税額軽減、未成年者控除など6つのケースがあります。

　2割加算（→ p96, 97）は税額が高くなるケースですが、それとは逆に税額が安くなるケースもあります。「税額控除」といわれるものです。財産を受けついだ人それぞれの事情を考慮して、税負担を少しでも軽くしようという考え方があるからです。

　相続税から差し引かれる税額控除には、次の6種類があります。

【税額控除】
① 暦年課税分の贈与税額控除（→ p98, 99）
② 配偶者の税額軽減（→ p100, 101）
③ 未成年者控除（→ p102, 103）
④ 障害者控除（→ p103）
⑤ 相次相続控除（→ p104, 105）
⑥ 外国税額控除（→ p105）
⑦ 相続時精算課税分の贈与税額控除（→ p98, 99）

　この①～⑦の対象者となる相続人は、定められた金額分だけ、相続税額から差し引くことができます。これで、最終的な納税額が確定することになります。

　ところで、2種類以上の控除が適用されるケースのときは、どうなるのでしょうか？　①～⑦の順番にしたがって適用されます。もし、①から⑥の税額控除によって相続税がゼロになってしまえば、当然そのあとの項目は適用されません。

　⑦の税額控除については、納付する相続税がゼロの場合は還付となります。

●贈与税額控除について

　被相続人が亡くなった日から※7年前以内に生前贈与があった場合、その贈与によってもらった財産を、相続財産に加えて、相続税を計算することになります。そうなると、生前の贈与のときの贈与税があるのに、相続のときにまた相続税を課すことは、同じ財産に二重に課税するということになってしまいます。

　　※2024（令和6）年1月1日以降の贈与から適用。それ以前は3年（詳しくは→ p91）。

そこで生前に贈与された財産が、課税価格に加算されたケースについて、前に払った贈与税額は、相続税額から差し引くことができるのです。

　また、実際に贈与税額の控除額を求めるには次のように行います。

$$贈与税額控除額 = 贈与を受けた年分の申告贈与税額 \times \frac{相続税の課税価格に加えられた贈与財産の価額}{贈与を受けた年分の贈与財産の合計額}$$

※配偶者の場合は分母からその年分の贈与税の配偶者控除を差し引いて計算します。

TOPICS

●贈与の裏目？

　もし、相続税額から贈与税額控除分を差し引いてマイナスになったときはどうなるのでしょうか？　はたして、その差額分は還付されるのでしょうか？　相続時精算課税制度を選択した場合を除き、残念ながらそれは認められていません。結果的に余計に支払ったことになるのですが、相続開始間際の多額の贈与が裏目に出たということです。

まとめ ●税額控除はこの順番で行われる

① **贈与税額控除** —— 相続、遺贈や相続時精算課税に係る贈与によって財産を取得した人が、被相続人が亡くなった日から*7年前以内に財産を贈与され、贈与税を支払った場合

② **配偶者の税額軽減** —— 被相続者の配偶者が財産を受けついだ場合

③ **未成年者控除** —— 相続人が18歳未満で、かつ、法定相続人の場合

④ **障害者控除** —— 法定相続人が障害者の場合

⑤ **相次相続控除** —— 相続が10年以内に再びあった場合

⑥ **外国税額控除** —— 海外にある財産を受けついだ場合

⑦ **相続時精算課税分の贈与税控除** —— 相続時精算課税制度を選択し、贈与税を支払った場合

配偶者の相続税はこれだけ安くなる

Key Concept

配偶者が相続人となった場合、相続財産が法定相続分か1億6000万円までは、相続税はかかりません。

税額控除の中でも、配偶者の税額軽減は、特に大幅に優遇されています。なぜでしょうか？　理由は以下の通りです。

> ・遺産の維持形成に対する配偶者の貢献を認めた。
> ・残された配偶者の老後の生活保障のため。
> ・配偶者の死亡時に相続税をかければいい。

配偶者の税額軽減は、次のようになっています。

> ・配偶者が受けついだ財産額が、法定相続分以下であった場合は、その金額がいくら多額であっても、相続税はかからない。
> ・配偶者が受けついだ財産が、1億6000万円までであれば、相続税はかからない。

配偶者の法定相続分は、誰が相続人かによって違ってきます（➡ p24）。配偶者の法定相続分は以下の通りになります。
- ●配偶者と子供が相続人………1/2
- ●配偶者と父母が相続人………2/3
- ●配偶者と兄弟姉妹が相続人…3/4

　たとえば、課税価格の合計額が60億円だったとします。配偶者と子供が相続人のときは30億円（法定相続分である1/2）、相続人が配偶者と父母のときは40億円（法定相続分である2/3）、配偶者と兄弟姉妹が相続人のときは45億円（法定相続分である3/4）まで相続しても、相続税はかからないのです。もし、この金額を超えて相続財産をもらったときは、超えた金額の部分に対応する相続税を支払うことになります。

　また、たとえば、遺産総額が1億6000万円のとき、配偶者が法定相続分を超える1億6000万円全部を相続しても、相続税は支払わなくてすむのです。

●配偶者の相続税軽減額の算出法

$$相続税総額 \times \frac{下記のAまたはBのうちいずれか少ないほうの額}{全相続人の課税価格の合計額}$$

$$＝軽減税額$$

A：課税価格の合計額に配偶者の法定相続分を乗じた額と1億6000万円のいずれか多いほうの額
B：実際の取得相続額

【ケース別、配偶者の相続税控除】

課税価格が1億6000万円以下の場合	配偶者が全額受けついでも相続税はゼロです。
課税価格が1億6000万円超〜3億2000万円以下の場合	・子供がいるときは、1億6000万円まで配偶者の相続税はゼロ。子供には相続税がかかります。 ・子供がいないときは、配偶者が法定相続分を取得すれば妻の分だけ相続税がゼロ、ほかの相続人には相続税がかかります。
課税価格が3億2000万円を超える場合	配偶者が法定相続分だけ相続した場合、妻の相続税はゼロ、ほかの相続人には相続税がかかります。
配偶者が1億6000万円、または法定相続分以上を受けついだ場合	配偶者が税額軽減される部分（1億6000万円まで、あるいは法定相続分まで）は課税されませんが、それを超える相続分には相続税がかかります。

ワンポイントアドバイス ●婚姻届の効力について

　配偶者の税額軽減は、結婚している期間に関係なく、この特例を受けることができます。つまり、婚姻届が出されて1日しかたっていなくても、かまわないということです。

　逆に、たとえ長い同居生活が送られていても、婚姻の届出がなされていなければ、この特例は受けられません。

未成年者と障害者には控除がある

Key Concept

相続人が未成年だったとき、あるいは障害者のときは、相続税額
が安くなる控除があります。

　相続人が、相続または遺贈を受けたときに満18歳未満のときは、未成年
者控除が適用されます。

　相続人である子供が未成年であるときは、成年になるまで、教育費や養
育費などが必要となってきます。この点を考慮して、相続税の負担が軽減
される措置がとられるわけです。

【未成年者控除を受けるための3つの条件】

① 相続したときに18歳未満である。

② 法定相続人である。

③ 日本国内に住んでいる。

　控除される額は、その相続人が満18歳に達するまでの年数につき、10
万円となります。年数に1年未満の端数があるときは、切り上げて1年と
して計算します。たとえば相続したときに16歳4ヵ月なら1年8ヵ月ありま
す。端数は切り上げられるので、2年になります。

　したがって、このケースでは、10万円×2年＝20万円が控除額として計算
されます。

　法定相続人が未成年者控除の条件ですから、たとえば相続権のない孫に
遺贈したときは、たとえこの孫が未成年者であっても、未成年者控除は適
用されません。

　この未成年者控除において、その控除額が未成年者本人の相続税額より
多いときは、その金額分だけ、未成年者の親や兄弟から控除してもいいこ
とになっています。

　たとえば60万円控除を受けられる人の相続税が40万円のとき、20万円の
控除額が不足になります。その不足分だけについて、その相続人の扶養義
務者の相続税額から差し引くことが認められます。

さらに特例として、**障害者控除**があります。これは、相続人が障害者のときは、相続税から一定の金額を控除することによって、負担を少しでも軽くしようという考えからきています。

　控除される額は、一般障害者のときは、85歳になるまでの年数1年ごとに10万円、特別障害者のときは、1年ごとに20万円としています。

　85歳までの年数を算出するとき、1年未満の端数は切り上げて計算します。また、本人の相続税額より控除額が多くなったとき（相続税額＜控除額）は、控除額と相続税額の差額を、相続人の扶養義務者の相続税額から差し引くことができるようになっています。

●未成年者控除額の算出の仕方

> 未成年者控除額＝ 10万円 ×（18歳 － 相続開始時の年齢）

《例》相続開始の年齢　16歳4カ月
控除額 ＝ 10万円 ×（18歳 － 16歳）＝ 20万円
（年数の端数は切り上げて計算する。障害者控除の場合も同様）

●障害者控除額の算出の仕方

〈一般障害者のケース〉

> 障害者控除額＝ 10万円 ×（85歳 － 相続開始時の年齢）

〈特別障害者のケース〉

> 障害者控除額 ＝ 20万円 ×（85歳 － 相続開始時の年齢）

障害者控除を受けるためには、
① 一般障害者、特別障害者であること
② 法定相続人であること
③ 日本国内に住んでいること
　　といった条件が必要です。

相次相続控除と外国税額控除

> **Key Concept**
> 短い間に相続が続いて、同じ財産に2度続けて相続税がかけられ
> るとその負担が過重となります。そのための控除もあります。

　短い期間に相続が2回も続くと、一度相続税をかけられた財産に、また相続税がかけられてしまいます。

　たとえば、1年前に祖父が亡くなったとします。その相続人であった父親がその半年後に亡くなったとき、祖父から父親、そしてさらに子供に受けつがれた同じ財産に、2度も相続税がかかってしまいます。

　これではあまりに税負担が重くなってしまうということで、一定の金額を相続税から差し引いていいことになっています。

　これを相次相続控除といいます。この控除は10年以内に2回以上、相続があったときに適用されるものです。

　最初にあった相続を「第1次相続」、その次にあった相続を「第2次相続」といいます。控除があるのは、第2次相続のときです。

　控除額は、次ページの計算式で行います。

　たとえば、祖父、父親が相次いで亡くなったとします。その孫が受けついだ財産の相続税がどれだけ軽減されるかということで説明しましょう。祖父が亡くなった3年後に父親が亡くなったとすると、最初の相続（祖父が亡くなって父親が相続人になったとき）で、父親が支払った相続税から、今回の相続まで1年ごとに10％ずつ軽減し、30％減額した残りの70％が控除の対象ということになります。そうしてみると、第1次相続からすぐに第2次相続がおこったときは、第1次相続のときの相続税額をほとんどマイナスすることができることになります。第1次相続から第2次相続まで5年たっていれば、第1次相続のときの相続税額のほぼ半分を、マイナスすることができるのです。

　このように、第1次相続と第2次相続の間が長いほど、マイナスできる控除額は少なくなります。また、経過年数の端数は切り捨てて計算します（たとえば3年8ヵ月は3年で計算）。

●相次相続控除額の計算の仕方

$$相次相続控除額＝ A \times \frac{C}{B-A} \times \frac{D}{C} \times \frac{10-E}{10}$$

（注）$\frac{C}{B-A}$ が $\frac{100}{100}$ を超えるときは $\frac{100}{100}$ とします。

A：第2次相続のときの被相続人が、第1次相続でもらった財産にかかった相続税額

B：第2次相続のときの被相続人が、第1次相続でもらった財産の価額

C：第2次相続のときの相続人や受遺者の全員がもらった財産の合計額

D：相次相続控除の対象者の相続人が、第2次相続でもらった財産の総額

E：第1次相続から、第2次相続までの経過年数（1年未満の端数は切り捨てる）

　最近では、海外に投資をする人も増えてきました。この場合、外国にある財産についても相続税がかかります。

　しかも、その外国においてさえ、日本の相続税に当たる税金がかかってくるケースもでてきます。そうなると、同じ財産について、

・**日本国内で相続税の対象**

・**外国でも相続税の対象**

となり、二重に課税されてしまうのです。そこで、日本で相続税を計算するときに、<u>外国で課税された分は差し引いてもいい</u>ことになっているのです。

　これを、**外国税額控除**といいます。

　ただし、被相続人が外国に住んでいたときは、外国にある財産には相続税はかかりません。

■ケーススタディ■　相続の失敗例

　相続にまつわるゴタゴタした例を少し紹介しておきましょう。

【ケース1　株式を共同相続したが、相続人同士の仲が悪かった】

　Aさんの父親は、飲食店チェーン会社のオーナー社長で、株主の構成も、一族でほとんどを占めるという、同族会社です。
　父親が亡くなり、長男であるAさんが社長をつぎ、弟が専務になりました。父親の相続財産はかなり残されており、現金、不動産、そして自社株が多くを占めていました。所持していた自社株は発行済株式数の80％を超え、しかも会社の業績がよかったこともあって、評価額も高かったのです。そのため、80％の株を母と弟、すでに結婚して家を出ている妹との4人で共同相続することになりました。均等に、ほぼ20％ずつの割合で相続したのです。
　この結果、Aさんの持ち株数は30％、弟と母親が25％ずつということになりましたが、Aさんの持ち株数は過半数に満たず、会社の意思決定を自分のみではできず、会社の運営に苦労させられることになりました。おまけに、専務である弟とは経営方針を巡って対立しており、ますますAさんの苦労は絶えません。

　この場合、父親の意思が長男に社長をつがせるというものであったのなら、生前にもっと株を贈与しておくか、株価引き下げ策をたてておくべきでした。また、共同相続にするとしても、長男はほかの相続財産を減らしてでも、相続する株数を多くするべきだったのです。

【ケース2　第2次相続があることを考えなかった】

　相続税対策をうまくやったつもりでも、第2次相続があったために、結果的に損をするというケースがあります。短期間に相続が続いたとき

は、相次相続控除（➡ p104）が認められますが、それでも、財産分割のやり方によっては、大きな差がでてくるケースがあるのです。

　Aさんは、父親を亡くし、その遺産は母親、長男であるAさん、Aさんの弟2人が相続しました。内訳は、母親が相続財産のうち半分、そのほとんどが、Aさんと共同相続した持ち家と敷地でした。Aさんと母親が同居していることもあり、住まいの敷地のうち母親が4分の3、Aさんは4分の1の割合で共同相続しました。

　母親は、配偶者に対する相続税額の軽減の特例措置を活かし、相続税はゼロですみました。Aさんと弟2人も、基礎控除分を差し引くと、さほど相続財産は多くなく、相続税は少なくてすみました。

　ところが、父親の死後8年たって、今度は母親が亡くなってしまったのです。今度の相続で問題になったのが、共同相続した住まいの敷地でした。8年たって土地が高騰していたことが、いちばんの原因です。さらに、弟2人が、その土地の一部を相続財産として権利を主張してきたのです。遺産分割協議を何度も行いましたが、相続税の申告期限までに話し合いがまとまらず、結局、相続財産は未分割のまま申告するはめになったのです。

　この場合、Aさんは父親の遺産相続の際に、多く税金を払ってでも、土地の相続はAさんの割合を多くするべきだったのです。一般に株や土地など、将来の値上がりが考えられる財産については、できるだけ早く財産移転しておくということが重要なポイントです。

　さらに、共同相続して共有財産にするときは、その財産を処分するときはどうするか、第2次相続が発生したときにどうなるか、などの点を考慮するべきです。目先だけの有利さにとらわれて、節税に走ってはいけません。

相続
ここをチェック!!

相続税の計算の仕組みを しっかり理解しよう

●税理士からの一言

①財産を相続すると、かならず相続税がかかると思う方がいます。

②実際に相続する財産が3000万円＋600万円×相続人の数以下の金額であれば相続税がかからない、と勘違いする方が多く見られます。

③配偶者の相続税の軽減を使うと相続税がかからないので相続税の申告は必要ない、と勘違いされる方が多く見られます。

④小規模宅地等の評価減の適用を受けると相続税がかからないので相続税の申告が必要ない、と勘違いされる方が多く見られます。

ポイント1 贈与と相続では、税金の発生する額が大きく違う

　相続税の相談に応じていると意外に基本的なところを理解されていない方が多く見られます。これからそれらの代表的な質問を挙げてみましょう。

例「このたび祖父が亡くなりまして、私は預金を1000万円も相続しました。税金はいくらくらいになりますか？」

　こんな質問があとをたちません。この方は、おそらく贈与税と勘違いしていると思われます。贈与税は110万円を超えると10〜55％の贈

与税を払う必要があります。そのため1000万円も相続するとたくさんの税金がかかると思ったのでしょう。

ここでもう一度おさらいですが、下記の場合は相続税がかかりません。

①相続する財産の合計が3000万円＋法定相続人の数×600万円以下の場合は、相続税は発生しません。

②相続する財産の合計が3000万円＋法定相続人の数×600万円を超えても、1億6000万円以下で配偶者がすべて相続すれば相続税は発生しません。

ポイント2 相続税の基礎控除は相続人全員で換算する

例「このたび祖父が亡くなりまして、私は預金を3500万円、兄が3000万円相続しました。でも、相続人が2人ですから相続税の基礎控除の4200万円（3000万円＋600万円×2人）以下だから2人とも税金はかからないと思うのですが？」

この方は、おそらく相続税の基礎控除が相続人各人ごとに使えると思っているのでしょう。しかし、相続税の基礎控除は、相続人全員で3000万円＋600万円×法定相続人の数です。この例でいうとそれぞれ4200万円でなく、相続人2人で4200万円です。したがってこの例では相続税はかかります。

兄
（3000万円を相続）

弟
（3500万円を相続）

6500万円 ＞ 基礎控除（4200万円）

相続税がかかる

ちなみにすでに被相続人の配偶者はおりませんので、配偶者の相続税の軽減は使えません。

配偶者の相続税の軽減には申告が必要

例「このたび父が亡くなりまして、私は財産を一切相続しませんでした。母が8000万円相続しました。相続人が2人ですから相続税の基礎控除の4200万円（3000万円＋600万円×2人）以上ですが、配偶者の相続税の軽減を使えば相続税はなしですよね。だからうちは相続税の申告は必要ないですよね？」

　この方は、おそらく配偶者の相続税の軽減に、申告要件があることを知らないと思われます。この規定は申告をして初めて認められます。つまり申告をしないとこの規定を使えないのです。

小規模宅地等の評価減にも申告が必要

例「このたび母が亡くなりました。母の財産は家とその敷地が主な財産です。相続人は姉と妹である私の2人です。同居していた私が住宅を相続することになりました。50坪くらいある土地と築25年の古い家ですが、このあたりの土地は坪200万円くらいするそうです。しかし、小規模宅地等の評価減の特例により、100坪くらいまでの土地（正確には330㎡まで）は8割減の評価減でできると知人から聞きましたのでほっとしています」

　おそらくこの方は次のように考えたのでしょう。

①1坪200万円が50坪で土地の評価は1億円と計算

②小規模宅地等の評価減の特例を使い、1億円×80％を1億円から控除し、2000万円と計算

③老朽化した家と残りの財産が数百万円であるから、土地の2000万円と残りの財産の数百万円で相続人が2人である場合の基礎控除額（3000万円＋600万円×2人＝4200万円）以下であると計算

　上記①〜③はすべて正解です。ただひとつ、相続税の申告期限までに遺産分割を終了し、相続税の申告をして初めて小規模宅地等の評価減の特例を受けることができることを忘れています。

このように相続税には申告をして初めて認められる規定があります。下記のものは申告要件のある代表的な規定です。

①配偶者の相続税の軽減
②小規模宅地等の評価減
③物納の許可
④延納の許可

相続税の納税の範囲を理解しよう

相続税の納税義務者は、原則として、相続もしくは遺贈により財産を取得した人、または被相続人からの贈与について相続時精算課税制度の適用を受けた人が対象となります。納税義務者ごとの相続税のかかる範囲は、下記の通りです。

①居住無制限納税義務者

相続または遺贈により財産を取得した人で、その財産を取得したときにおいて住所のある人は、財産の所在の如何を問わず、その財産の全部について納税義務があります。

②非居住無制限納税義務者

相続または遺贈により財産を取得した次に掲げる人で、その財産を取得したときにおいて、住所のない人であっても財産の所在の如何を問わず、その財産の全部について納税義務があります。

（1）日本国籍のある人（財産を取得した人、または被相続人が相続の開始前10年以内のいずれかのときにおいて住所がある場合に限る）

（2）日本国籍のない人（被相続人が相続の開始前10年以内に住所がある場合に限る）

③制限納税義務者

相続または遺贈により財産を取得した人で、その財産を取得したときにおいて、住所のない人（上記②の非居住無制限納税義務者に該当する人

人を除く）は、国内財産についてのみ、納税義務があります。

④特定納税義務者

　相続または遺贈により財産を取得しなかった人で、被相続人から相続時精算課税の特例を受ける財産を贈与により、取得した人をいいます。この場合は、その相続時精算課税制度の適用を受けた財産について納税義務があります。

　なお、②非居住無制限納税義務者の(2)については、平成29年度の税制改正により決まったものですが、近年、節税方法として③制限納税義務者に該当させるために日本国籍を離脱し、外国籍をとる節税方法が増えていることへの対応策だといわれています。

相続税対策の基本

　相続税を算出し納付するまでの一連の流れはおおよそ理解していただけたと思います。次は相続税をいかに効率よくおさえていくか（少なくしていくか）について見ていくことにしましょう。

　ここでは贈与を中心に解説していきますが、「相続税対策は贈与をどんどんして無料提供で財産をどんどん渡せばいいのでは？」と考えるのは間違いです。贈与税という大敵に足元をすくわれてしまいます。相続税よりもずっと多くかかるのが贈与税なのです。上手に身の回りの人たちに財産を受け渡していけるよう配慮して対策を進めましょう。

贈与の上手な利用の仕方

Key Concept

相続税の節税は、被相続人の財産を相続人に移転することと、相続財産の評価額を引き下げることの2つを中心に進めます。

【生前贈与のポイント】

① 110万円の基礎控除を使う贈与方法と、通算2500万円の非課税枠を使った贈与方法（相続時精算課税制度という。詳細はP118）は選択性。有利な方法を選択してよい。

② 贈与税の特例を使う。

●110万円の基礎控除を使った贈与方法のポイント

①贈与した財産は完全に相続人に移転できます。贈与した財産は原則として相続開始前※7年以内のもの以外はすべて相続人の財産として相続税の計算ができます。

②毎年110万円を超えた金額については最低10％～最高55％（→ p226）の贈与税がかかります。

③節税のポイントは、贈与税の税率と相続税の税率の差をうまく利用することです。両者とも税率は10～55％です。そのため、相続税の税率が55％の場合は、55％未満のところまでは贈与する形をとると節税できます。

●相続時精算課税制度を使った贈与方法のポイント

①毎年110万円（基礎控除）までと通算で2500万円までは、贈与税がかからずに財産を移転できます。

②通算2500万円を超えた場合は、一律20％の贈与税ですみます。たとえば5000万円を贈与した場合でも478万円の贈与税ですみます ｛(5000万円－110万円－2500万円)×20％＝478万円｝。

③贈与した財産は、年数に関係なくすべて相続時に贈与した時価で再計

※2024（令和6）年1月1日以降の贈与から適用。それ以前は3年（詳しくは→ p91）。

算します。つまり、贈与したすべてを相続財産として相続税の計算を
します。

④贈与したときの時価で再計算するので、相続時と贈与時の時価の差額
が節税のポイントになります。

●配偶者への居住用財産を贈与する方法（➡ p122）

婚姻期間が20年以上の配偶者に居住用財産を贈与する場合は、2000万円
までは無税で移転できます。配偶者間に移転が限定されることが弱点とも
いえるでしょう。

Section 4

まとめ　　　　難しいのは、110万円の基礎控除と相続時精算課税制
度が選択制という点です。相続時精算課税制度を一度選
択すると再び110万円の基礎控除の方法は選択できないことになって
います。そのため2つの方法の特徴をよく理解する必要があります。

前者は相続税と贈与税の税率の差を利用して相続税の節税をしま
す。生前贈与を長期間行える場合には効果が大きいといえます。

後者は贈与時と相続時の評価額の差額を利用して計算します。贈与
時の時価が相続時より低ければ節税できますが、逆に贈与時が相続時
より評価額が高くなると増税です。確実に評価額を下げてから贈与す
る必要があります。下記の2パターンで考えてみましょう。

**1　現金の贈与で10年間毎年500万円を相続人に移転する場合（相
続時の税率が40％程度と予想され場合）**

この場合は110万円の基礎控除を選択することになります。10年間
に支払う必要のある贈与税の合計と10年間贈与をすることによって減
る相続税を比較してみましょう。

**2　将来、株価の上がる自社株を贈与する場合（所有株式数　500株
※単価が20万円で相続時は40万円に上がる予想）**

相続時精算課税制度を使い、500株すべてを贈与します。

（40万円－20万円）×500株＝1億円

この場合、1億円評価額が下がる計算になります。相続時精算課税
制度を利用し相続税の評価額の引き下げを図ります。

非課税枠内での贈与をする

Key Concept

> 1人につき1年間に110万円までの贈与なら、贈与税はかかりません。長期間にわたって計画的に行えば、効果は大です。

　　贈与税には110万円の基礎控除があります。<u>1年間に受けた贈与の額が110万円以下であれば、贈与税はかからないのです。</u>110万円ぐらいなら、あまり効果がないと思う人もいるでしょうが、チリも積もれば山となるではありませんが、長期にわたってやれば、それなりの効果はあります。

　　また、子供や孫が10人もいれば1年で1100万円、10年で1億1000万円もの財産を無税で贈与できるのです。

　　では以下に贈与する際の注意点を見ていくことにしましょう。

●非課税枠内の贈与での注意点

同じ月日に贈与しない… 毎年、同じ月日に贈与すると、「定期金の贈与」とみなされ、一括して贈与税がかかることがあります。贈与の月日を毎年変えることです。

違った財産を贈与する… 1年目は株式、2年目は現金といったように毎年、違う財産を贈与します。

贈与契約書は毎年作る… 財産を贈与したときに、その証拠となる契約書を作りますが、その年ごとに毎回作成することです。

●連年贈与で贈与税がかかるケース

毎年同じ額の贈与を10年とか15年といった長期にわたって続けると、贈与の開始時にすべての金額の贈与の意思があったと見なされて、一括して贈与税がかかるケースがあります。これを避けるために次の点に注意してください。

★毎年違った金額を贈与する★

1年目は110万円の基礎控除の範囲内、2年目は111万円の贈与をして、1000円の贈与税を払う、といったように毎年金額を変えることです。

毎年、110万円の贈与を行ったときに問題になるのが、贈与が本当に行われたかどうかという点です。そこで、贈与を行ったときは、その証拠を残すようにします。

　まず、贈与契約書を作成することです（下の見本参照）。この契約書があれば贈与があったという証拠になります。

　贈与税の申告をするのもひとつの手段です。たとえば111万円を贈与して、110万円の控除分を差し引いた1万円の贈与に課せられる1000円の贈与税を納付します。すると税務署にも贈与の証明が残ることになります。さらに、現金などは、贈与したい相手の預金口座に振り込み、納税についても、その振り込まれた口座から支払うとよいかもしれません。現金を贈与して、それを預金した通帳や印鑑を贈与した人間が保管している場合は、名義を借りただけと見なされ贈与したことにはならないので注意しなければなりません。

【贈与契約書の作成例】

Section 4

贈 与 契 約 書

　贈与者　山田太郎　と　山田花子の間で下記の通り贈与契約を結んだ。

　山田太郎は、所有する下記の財産を山田花子に贈与し、山田花子はその財産を受贈した。

　現金110万円

　山田太郎は、上記財産を×年〇月△日までに山田花子に引き渡すこととし、引き渡しにより権利は移転する。

　上記契約の証しとして本契約書を作成し、贈与者、受贈者各一通を保管する。

　×年〇月〇日

　贈与者　（住所）東京都江東区〇〇1－1－1
　　　　　（氏名）山田　太郎　㊞
　受贈者　（住所）東京都江東区〇〇1－1－1
　　　　　（氏名）山田　花子　㊞

相続時精算課税制度を利用する

Key Concept
60歳以上の両親または祖父母から、18歳以上の子または孫への贈与について、通算2500万円までは贈与税がかかりません。

　まず、相続時精算課税制度の仕組みを理解しましょう。

1　内容
　生前贈与については、年間110万円（基礎控除）までと通算2500万円までは非課税です。受贈者の選択により、贈与時に贈与財産に対する贈与税を支払います。選択制ですから、納税者は従来の贈与制度と相続時精算課税制度のどちらか好きなほうを選べます。
　相続時精算課税制度の場合、実際の相続時に贈与財産と相続財産を合計します。合計した財産に対して、従前と同様に相続税を計算します。その計算された相続税からすでに支払った贈与税を控除します。したがって相続時精算課税制度は、贈与税、相続税を一体として課税する仕組みといえます。

2　適用対象者

> ①贈与者は60歳以上の両親または祖父母
> ②受贈者は推定相続人（代襲相続人を含む）である18歳以上の子
> 　または18歳以上の孫

3　適用手続き
　相続時精算課税制度の選択をした受贈者は、最初の贈与を受けた年の翌年2月1日〜3月15日までの間に所轄税務署長にその適用を受ける旨の届出を贈与税の申告書に添付する必要があります。

4　適用対象財産

①贈与財産はなんでもかまいません（金銭、土地、絵画なんでも可能）。
②贈与回数に制限は一切ありません。

5　贈与税額の計算

　相続時精算課税制度の選択の適用を受けた受贈者（子）は、贈与者（親）からの贈与財産についての贈与税の計算をする際に、ほかの贈与財産と区別して、選択をした年以後の各年におけるこの適用を受けた贈与財産の合計額を基に下記の通りに計算します。

　この制度にかかる贈与税の計算には、毎年110万円の基礎控除も使用でき、さらに通算で2500万円の非課税枠を用います。

　たとえば令和元年に相続時精算課税制度を選択する父親から1500万円の贈与を受け、翌年の令和2年に父親から2000万円、友人から500万円の贈与を受けた場合は次のような計算をします。

①**この制度を選択した場合、適用対象者からの贈与財産**
　　（相続時精算課税制度によりその年までに父から贈与を受けた財産の合計額－2500万円）×20%
　　※別途、毎年110万円の基礎控除あり。
②**この制度の適用対象者以外からの贈与財産**
　　（その年に父以外の者から受けた贈与財産－110万円）×贈与税率

（令和元年）1500万円－110万円－2500万円＜0　　贈与税なし
（令和2年）父親（1390万円＋2000万円－110万円－2500万円）×20%＝156万円
　　　　　　友人（500万円－110万円）×20%－25万円＝53万円

　上記のように父親の贈与につき156万円、友人の贈与につき53万円の贈与

税を支払う必要があります。

6　相続税の計算

　相続時精算課税制度を選択した受贈者（子）は、贈与者（親）からの相続時に、それまでの贈与財産と相続財産を合算し、現行と同様の計算方式により相続税を計算します。

　その計算された相続税から、この制度によりすでに納めた贈与税を控除します。控除しきれない場合は還付となります。

相続時精算課税制度により贈与を受けたすべての財産	相続時における財産

◀──────これを相続財産とみなして相続税を計算──────▶
※毎年、控除した110万円を除く。

7　相続時精算課税制度の注意点

①従来の贈与税の課税方式（基礎控除が110万円）と相続時精算課税制度は選択制です。

②相続時精算課税制度は贈与者の父、母ごとに選択が可能です。したがって父については相続時精算課税制度を選択し、母については従来の贈与税の課税制度を選択することも可能です。

③一度相続時精算課税制度を選択すると、相続が実際に発生するまで継続されます。

④父、母ともに相続時精算課税制度の適用を受けると、合計5000万円までは贈与税が非課税になります。

⑤この制度を適用した後、贈与を受けた場合は金額に関係なく贈与税の申告が必要です（毎年110万円を控除して算定）。

⑥相続のときは、金額や時期にかかわらず、すべて相続税の課税価格に贈与時の価格を加算して計算します。

●住宅取得資金等にかかる相続時精算課税制度の特例

①住宅取得資金の贈与にかかる相続時精算課税制度

　住宅取得資金の贈与にかかる相続時精算課税制度については、一定の住宅を取得するための資金、または、住宅の一定の増改築のための資金（住宅資金または増改築の資金についての適用であるため、住宅そのものは適用財産にならない）について、60歳未満の親または祖父母からの贈与も適用対象になり、非課税枠は贈与者一人当たり2500万円となります。

　したがって、両親および祖父母からこの特例を選択すると最大1億円までが非課税枠となります（令和5年12月31日までに限る）。

②住宅取得資金の贈与を受けた場合の贈与税の非課税制度

　父母や祖父母などの直系尊属からの贈与により、一定の住宅を取得するための資金、または、住宅の一定の増改築のための資金（住宅資金または増改築の資金についての適用であるため、住宅そのものは適用財産にならない）について、省エネ・耐震・バリアフリーの住宅の場合は1000万円まで、それ以外の住宅の場合は500万円まで非課税となります。

　この非課税の金額は、上記①の特例と異なり、贈与者一人当たりの限度額でなく、受贈者一人あたりの限度額となります（2023年12月31日までに限る）。

③両者を併用した場合

　上記の①②は併用できます。たとえば、28歳の子が祖父から700万円、父から2500万円、母から2500万円の贈与を受け、住宅を購入することも可能です。祖父からの700万円の贈与については住宅取得資金の贈与を受けた場合の贈与税の非課税制度を使い、両親からそれぞれ受けた2500万円の贈与については、住宅取得資金の贈与にかかる相続時精算課税制度を使います。結果として、贈与税の負担なしに贈与を受け取ることが可能となります。

配偶者へ居住用財産を贈与する

Key Concept

婚姻期間が20年以上経過して、配偶者から居住用財産を贈与されたときは、配偶者控除が認められます。

　相続税で配偶者が優遇されたように、贈与税でも配偶者に優遇措置があります。これを「贈与税の配偶者控除」といいます。配偶者の老後の生活を保障するための制度といえます。

　配偶者控除は、居住用財産、あるいは居住用財産を取得するための資金を贈与したとき、基礎控除110万円とは別に2000万円まで控除があります。配偶者控除が認められる条件は次の通りです。

---

① 婚姻期間が20年以上である配偶者への贈与であること（結婚届が提出された日から、贈与があった日までの期間が20年以上）。

② 国内にある居住用の土地・建物か、それらを取得するための資金であること（居住用であるため、別荘の贈与は控除が認められません）。

③ 贈与を受けた翌年の3月15日までに居住すること。それ以後も引き続き居住する見込みであること。資金の贈与のときは、翌年3月15日までに居住用不動産を取得し、そこに居住すること。

④ これまでに同じ配偶者からの贈与で、配偶者控除を受けていないこと（同じ配偶者からの控除は、一度しか認められません）。

⑤ 贈与税の申告をすること。2110万円以内の贈与（基礎控除分を含む）で納税額がなくても、必要な書類を添付して税務署に提出する。

※ 必要な書類は、戸籍謄本（抄本）、戸籍の附票の写し、取得した居住用不動産の登記簿の謄本（抄本）、住民票などです。

●贈与税の配偶者控除の対象となる財産

　・土地または借地権2110万円分

　・建物2110万円分

　・土地または借地権と建物2110万円分

　・現金2110万円分（ただし、居住用不動産取得用の資金として）
　　いずれも、110万円の基礎控除分を含む。

原則として被相続人が死亡した日から過去7年間に受けた財産は、相続財産に加算されることになっています（→ p90）。ただし、配偶者控除を受けた分の財産については、相続財産に加えなくてよいことになっています。

　居住用財産を売却するときには所得税がかかりますが、3000万円の特別控除を受けることができます。この特別控除は、土地と建物の両方に同じ名義があることが条件です。もし、将来売却を考えているのであれば、土地だけでなく建物の一部も同一人に贈与しておくことです。共有している居住用財産を売却したとき、各人ごとに特別控除が認められるので、夫婦の場合は2人分の6000万円の控除ができるので、譲渡所得の節税になります。

【配偶者控除を受けられるかどうか？】

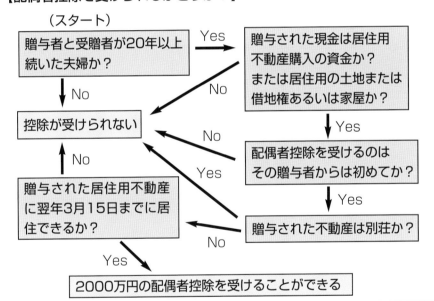

ワンポイントアドバイス　●土地と建物、どちらを優先させた方が得策か？

　相続税対策の贈与では、将来値上がりしそうな財産、時価と相続税評価額との差が大きい財産を優先させた方が得策です。したがって、建物よりも土地を贈与する方が有利です。

養子を迎えて法定相続人を増やす

Key Concept

> 相続税は、法定相続人の数が多いほど負担が軽くなります。そこで養子を迎えることで相続税を低くおさえることができます。

　法定相続人が多くなれば、その分、基礎控除額が増えて、課税遺産の金額が減少します。3人の法定相続人がいたとしたら、基礎控除額は、

　　　3000万円 ＋（600万円×3人）＝ 4800万円になります。

もし、法定相続人が5人いたとしたら、基礎控除額は、

　　　3000万円 ＋（600万円×5人）＝ 6000万円

となります。つまり、相続人が1人増えるごとに、課税遺産額は600万円少なくなるわけです。

　それでは、どのようにして相続人を増やしたらいいのでしょうか。そこで、養子縁組がよく行われます。養子縁組は、市町村役場に行って、「養子縁組届」という書類を提出すれば、それでできます（15歳以上の場合）。

　養子縁組をすることによる、相続税の節税効果は、基礎控除額の増加だけではありません。

　生命保険金や死亡退職金の非課税枠を増やすこともできます。1人当たり500万円の金額が非課税財産として、相続財産である生命保険金、死亡退職金からマイナスすることができるのです。

　また、相続税は、相続財産を法定相続人が法定相続分にしたがって受けつぐものと仮定した上で計算するものですから、法定相続人数が増えれば、各相続人が受けつぐ財産が少なくなります。相続税は累進課税率になっているので、適用される税率も下がる結果になり、税額全体も少なくてすむことになります。

　ほかに、孫を養子に迎えるというのもひとつの手です。その孫が相続財産を受けついだとき、祖父→父→孫と2回分の相続税を払うところを、1回分の相続税の支払いですませることもできるわけです。ただし、孫を養子とした場合、その孫が祖父（養子縁組後の父）から相続を受けるときに相続税額の2割加算の制度が適用されます。

【養子縁組をするとこれだけ節税効果が上がる】

> 《例》
> 　相続財産——土地、現金、有価証券など　1億8000万円
> 　　　　　　　死亡保険金　　　　　　　　2000万円
> 　　　　　　　死亡退職金　　　　　　　　2000万円
> 　相続人———配偶者（妻）、子供1人

この例で計算した場合と、孫1人を養子縁組して、法定相続人を3人にした場合の計算例は以下の通り。（94ページの計算式にしたがって算出）

相続人	相続人＝妻1人 子供1人	相続人＝妻1人 子供2人(孫1人を養子縁組)
基礎控除額	4200万円	4800万円
死亡保険金 の控除額	1000万円	1500万円
死亡退職金 の控除額	1000万円	1500万円
相続税額	1670万円	1347.5万円

　※この場合の相続税額とは、配偶者の控除額を法定相続分に基づき
　　案分して差し引いたものです。

ワンポイント アドバイス　●法定相続人としての養子は何人まで？

　養子縁組をして法定相続人を増やせば、節税効果があることはわかりました。それでは10人も20人も養子を迎えて、相続税を低くおさえることはできるかというと、残念ながらそれは認められません。不自然な養子縁組をして法定相続人を増やすのを防ぐため、相続税で認められる人数には制限があります。

・実子がいるときは、法定相続人としての養子は1人まで

・実子がいないときは、法定相続人としての養子は2人まで

　なお、養子になっても、実の両親の相続権は残っているので、養子は双方につきどちらにもその法定相続人になります。

6 現金を不動産に換えておく

Key Concept

現金より不動産のほうが、相続税評価額は安くなります。8割ほどにおさえられるので、不動産の所有が有利です。

　土地や家屋など不動産は、現金に比べて相続税評価額は安くなります。家屋は、購入費用のおよそ70％（木造は60％）、たとえば、3000万円のコンクリート造りの家屋なら、評価額は2100万円くらいになるわけです。

　土地も、時価のほぼ80％で評価されます。現金と同額の不動産で、評価額にこれだけ差があるのなら、現金を不動産に換えたほうが、節税効果は上がるわけです。

　リーマンショック後、土地の価格は10数年にわたって、下落を続けてきました。しかし、今後これ以上の下落が長期にわたって続かずに、いずれ、上昇に転じるのではないかと想定されたとします。そうなれば、土地などの不動産に、できるだけ評価額が低いうちに、早めに財産移転をしておいたほうがトクということになります。

　では、どのようにしたらいいのでしょうか？

　まず、相続人になりうる人に不動産を売り渡すという方法があります。たとえ親と子の間で売買しても問題はありません。贈与税を支払う必要もないのです。

　ただし、これには条件がつきます。その売買価格が適正なものかどうかということがポイントになります。時価と売却価格の差額が大きいときには、贈与税がかかってくるので、気をつけてください。

　また、不動産を売却したほうの人には、所得税のほかに、住民税もかかってきます。将来、相続税を支払うことになったとき、どちらがトクかを検討してみることです。土地の値上がりが見込めるようであれば、所得税や住民税などの税金を支払っても、結果的に節税になるケースが多いといえるでしょう。

　では、土地の売買について、重要なポイントを見ていくことにしましょう。

●土地の売買の重要なポイント

契約書を残す

　たとえ、売買するのが親と子の間であったとしても、売買契約書を残すようにします。実際に売買が行われたということの証拠として残します。

分割払いにするなら原則、利子を払う

　数千万円から、中には数億円を超える物件もあるかと思われます。たいていの場合は、分割払いになるでしょうが、その際、たとえ親子の間でも、利子を払うようにしましょう。利子が少額の場合や課税上の弊害がないと認められる場合以外は、無利子で分割払いとなると、その利子の分は贈与とみなされてしまいます。

受け取った側の支払い能力の範囲内の分割払いにする

　実態は贈与でも、分割払いということで形式上、契約書を作っておけば、払わなくても大丈夫だという考えは通用しません。たとえ親子間でも、支払いがなされているという証明（たとえば銀行の振り込み伝票など）を残すようにしましょう。不動産売却の際の分割払いが、買った子供の支払い能力をはるかに超えるような金額なら、それは贈与とみなされてしまいます。

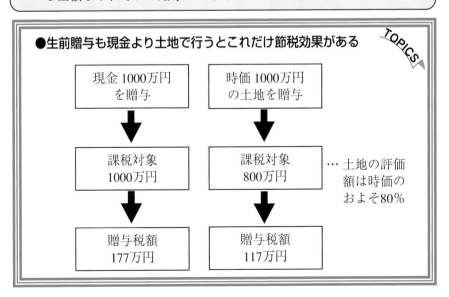

●生前贈与も現金より土地で行うとこれだけ節税効果がある　TOPICS

現金 1000万円を贈与	時価 1000万円の土地を贈与	
↓	↓	
課税対象 1000万円	課税対象 800万円	… 土地の評価額は時価のおよそ80%
↓	↓	
贈与税額 177万円	贈与税額 117万円	

⑦ アパート・マンションを建てる

Key Concept

空地をそのまま放置しておくのではなく、そこにアパートを建てて経営すれば大きなメリットがあります。

　所有している土地が空地のままになっていたら、アパートかマンションを建てるのもひとつの手です。家賃収入が入り、固定資産税の節税になるだけでなく、相続税対策にもなります。それはまず土地が「貸家建付地（➡ p54）」になるからです。

　この場合アパートやマンションの建物の固定資産税評価額は時価の5〜6割くらいになります。しかも、その評価額から借家権の評価部分が控除されます。このように、アパート・マンションも地主の所有のままで、評価額を下げられるのです。また、アパート・マンションの建築費用を自己資金から調達しても借入をしても効果は同様のものとなります。前者は預金等の減少、後者は債務控除の対象になります。

 ●アパート・マンションを建てて本当にトクか？

　借金をしてアパート・マンションを建てる際、気をつけなければならないのは、長い目で見て本当にメリットがあるかどうか、ということです。アパート・マンションを建てたのはいいが、立地条件が悪く、入居者がいないというのでは家賃収入が見込めず、借金の返済に支障をきたしてしまいます。また、アパートやマンションを建てた場合、その土地や建物を処分したいと思っても制限があることを忘れないでください。相続税対策ばかりでなく、すべての点において損得を検討する必要があります。

　更地にアパートやマンションを建てると、「小規模宅地（➡ p134）」に該当し、敷地のうち200m²までは50％の減額が特例として適用されます。

　アパートやマンションを多数所有している人は、1 m²当たりの単価が高いマンションやアパートの敷地を特例として選択すると評価減の金額が大きくなります。

以上の①アパート・マンションを建てる（貸付用宅地にする）、②借入金または自己資金で建てる（借入の場合は債務を財産から差し引く）、③貸付事業用の小規模宅地として評価減する、の３つの方法を講じると、相続税はかなり減額できるはずです。

【アパート・マンション建築による財産評価額減】

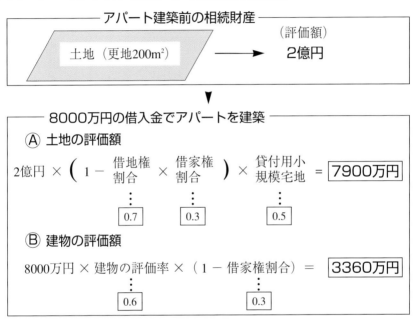

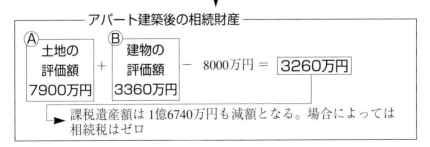

⑧　等価交換でアパート・マンションを建設する

Key Concept

> アパート・マンションを建てるにも資金が必要になります。借金をしたくないという人には、等価交換方式が考えられます。

　等価交換方式のアパート・マンション経営とは、土地の所有者と開発業者（デベロッパー）とが、共同で行う土地活用事業システムです。

　土地所有者は土地を提供し、デベロッパーは建設費を負担し、その土地にマンションやアパート、賃貸ビルを建設するのです。そして土地の所有権と建物の所有権を交換して、事業をスタートさせます。

　最も多く行われるパターンが、所有権の交換によって土地については共有持分を、建物については区分所有権を土地所有者とデベロッパーで分け合うという方式です。

　たとえば、8億円と評価された土地に2億円の建設費でアパートを建てる計画があったとします。事業費用は、土地の価額と建設費の合計の、10億円ということになります。土地所有者とデベロッパーの負担割合は、8対2になります。

　等価交換によって、土地所有者は、土地と建物の8割の所有権を持ち、デベロッパーは土地と建物の2割を持つことになります。つまり、計算上は、土地の2割分（8億円×20％＝1億6000万円）と、建物の8割分（2億円×80％＝1億6000万円）が、等価額として、土地所有者とデベロッパーの間で交換されるわけです（ただし、その交換比率に明確な基準があるわけではない）。

　この等価交換を行うことによって、土地所有者の財産は、土地の一部が建物に換わります。建物は貸家となり、相続税評価額はおおむね3割減額されます（➡ p54）。また土地は、貸家建付地となって、「更地の評価額」から「更地の評価額×借地権割合」をマイナスすることができます（➡ p54）。さらに、土地について、小規模宅地の評価減として一定の面積まで、80％（または50％）の評価減をすることができる（➡ p134）場合もあります。また、土地をマンションなどにしておくと、住戸単位で分割できるため、遺産の分割に際しても容易に行えます。

●等価交換はこうして行われる

事業計画の原案

▼

デベロッパーの現地調査

▼

事業の具体的計画作成

▼

建築確認

▼

等価交換契約の締結

▼

建築の着工

▼

建物の完成

▼

事業運営・建物管理

> ここらへんで、テナントを見つけておくといいでしょう。

●等価交換のメリット・デメリット

メリット	① 土地を譲渡しても無税
	② 土地の活用に関するノウハウをもらえる
	③ 資金が不要
デメリット	① 土地を一部手放さなければならない
	② 等価交換の交換比率は明確な基準がない

⑨ 土地信託を利用する

Key Concept

> 等価交換は、一部とはいえ土地を手放すことになります。それが
> イヤだという人には土地信託方式がおすすめです。

　相続財産の土地をどうしても手放したくないというとき、信託銀行で取り扱う、土地信託制度というシステムがあります。これは、土地所有者と信託銀行との土地活用共同事業です。これは、所有する土地を信託銀行に預け、信託銀行がその土地を有効に活用して、利益を分配する制度です。

　信託銀行は、土地所有者から土地の信託を受けて、土地所有権の移転を行います。その土地の上に建物を建て、賃貸し、その家賃を土地所有者に配当として交付するのです。信託期間が終わったあとに、土地は建物付きで土地所有者に返還されます。

　信託された土地は貸しビルやマンションが建ち、貸家建付地として評価減が認められますので、相続税が節税できます。建物を建てるための借入金は、債務控除として相続財産からマイナスできます。建築や事業運営の手間、および資金をすべて委託できるので、土地所有者は助かります。

【土地信託の手順】

① 土地所有者と信託銀行との間で信託契約を結ぶ。これにより信託された土地の所有権は信託銀行に移る。

② 土地所有者は、信託受益権を取得する。

③ 信託銀行が、建設会社へ工事を発注。

④ 信託銀行が、建設代金として、金融機関から借入れを行う。

⑤ 信託銀行が、建物の賃貸事業を行って、賃料を得る。

⑥ 受け取った賃料は元利金の返済と諸経費の支払いに当てられる。

⑦ 信託手数料を引いた事業利益が、土地所有者に信託配当として交付される。

⑧ 20〜30年程度の信託期間が終わったあとに、信託財産である土地と建物が元の土地所有者に返還される。

●土地信託はこの手順で行われる

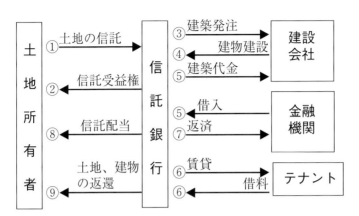

●土地信託のメリット・デメリット

メリット	・信託が終わったあとに土地は建物付きで返還される ・信託会社が資金を調達し、その後の業務もすべてやってくれる ・希望すれば、事業に参加することもできる ・信託期間中にほかに資金が必要になったときは、信託受益権を売却したり、担保にして借入したりすることができる
デメリット	・収益は保証されていない ・商業地などで、しかもある程度の広さがないと土地信託ができない ・信託手数料が引かれるので、その分だけ信託配当は低くなる

ワンポイント
アドバイス

　信託期間中の信託配当には、不動産所得があったものとして、所得税（法人の場合は法人税）がかかります。ほかに、信託登記の登録免許税がかかります。

小規模宅地には特例がある

Key Concept
特定居宅用宅地の場合は330㎡、特定事業用宅地の場合は400㎡までの分については、相続税が安くなります。

　都心であれば、わずかな土地であっても数億円という評価がついてしまい、相続税を支払うために居住用の土地や事業用地まで手放さなければならない、というケースがおこり得ます。

　そこで居住用宅地や事業用宅地、または貸付用宅地については、<u>一定の面積まで、一定の割合で減額できる</u>ことが認められています。この制度を「小規模宅地等の特例」といいます。

【小規模宅地特例の適用を受けられる土地の条件】
① 被相続人または国の事業用宅地、居住用宅地であること（事業用には「一定の不動産貸付業」を含みます）。（➡p161）
② 建物、構築物が建てられている土地であること。

　ほかにも、宅地を相続した人にも一定の条件が必要になります。たとえば、そのひとつに、申告期限までに遺産分割協議書（➡p170）が作成されている必要があります（ただし、申告期限が過ぎても、申告期限から3年以内に遺産分割が成立すれば適用させることもできます。さらにそれでも成立しない場合は、特別な理由がある場合のみ、3年を経過する日の翌日から2ヵ月以内に申請できます。）。

　小規模宅地特例の減額の割合は、「特定居住用宅地等（➡p136）」や「特定事業用宅地等（➡p138）」が通常の評価額から80%減額できます。特定居住用宅地等は、被相続人等が居住していた土地で、なおかつ相続人が申告期限までに取得し、居住する宅地等をいいます。

　特定事業用宅地等とは、被相続人が事業用に使用していた土地で、なおかつ相続人が申告期限までに取得し、事業のために使用する土地のことをさしていいます。

たとえば居住用宅地でも、そこに居住しない人が相続すると原則として小規模宅地として減額の適用は認められません。

【小規模宅地の評価額の計算例（特定居住用宅地等の場合）】

●路線価方式による評価額が6億円で面積が400m²の土地

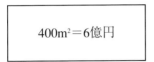

●小規模宅地特例を適用したときの評価額

宅地1m²当たりの価格 …… 6億円 ÷ 400m² ＝ 150万円
減額価格 …… 150万円 × 330m² × 80% ＝ 3億9600万円
特例適用後の評価額 6億円 － 3億9600万円 ＝ 2億400万円

【小規模宅地の特例による減額の割合】

小規模宅地		減額率
居住用宅地	特定居住用宅地	80%
事業用宅地	特定事業用宅地	80%
不動産貸付業の事業用宅地	特定同族会社事業用宅地	80%
	その他の一定の貸付事業用宅地	50%

⑪ 特定居住用宅地等にする方法

Key Concept

居住用宅地でも、かならずしも減額されるわけではありません。また相続のやり方で減額割合が違ってきます。

　小規模宅地として減額が認められる居住用宅地とは、被相続人または同一生計の親族が実際に住んでいた宅地でなくてはなりません。相続人も次のいずれかであれば、**特定居住用宅地**として80%の減額が認められます。

> ① **配偶者**……被相続人の妻、または夫が相続するときは、ほかの相続人が相続するときのように、申告期限までその宅地に住んでいなければならないようなことはありません。
>
> ② **同居している親族**……被相続人と同居していた親族が相続するときは、申告期限まで居住し、さらに宅地の所有を続けている必要があります。申告期限まで居住または所有できなかったときは、減額を受けることはできません。
>
> ③ **同一生計の別居親族**……相続人と被相続人が同居はしていないが、相続人が被相続人の生活費の過半を負担等していたケースです。この場合、申告期限まで居住し、さらに宅地の所有を続けている必要があります。申告期限まで居住または所有できなかったときは、減額を受けることはできません。
>
> ④ **一定の別居親族**……被相続人に配偶者または同居親族がいないとき、相続開始前3年以内に自己、またはその者の3親等以内の親族等、あるいは自己の配偶者が所有する家屋に居住したことがない親族（相続開始時において居住の用に供していた家屋を過去に所有していたことがある者を除く）が相続し、申告期限まで継続して所有していれば80%減額。所有を継続しなかったら減額を受けることはできません。（p153）

●居住用住宅を相続する際の注意点

　配偶者が居住用宅地を相続したときは、常に特定居住用宅地となります。しかし、その宅地を他の親族と共有した場合はどうでしょうか？たとえば、配偶者が1/2、別の親族が残りの1/2で共有にて相続した場合、配偶者が相続した部分のみ80%の減額を受けることができ、別居の親族が相続した部分については減額がありません。

別居の親族が負担する相続税によっては、配偶者が居住し続ける予定だった自宅を売却せざるを得ない状況もあるかもしれません。特例を受けられない親族との共有は注意したほうがよいでしょう。

まとめ ●住宅用地の減額の割合は？

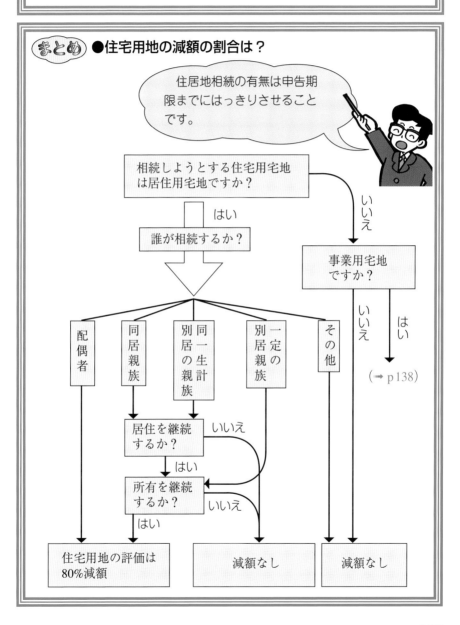

住居地相続の有無は申告期限までにはっきりさせることです。

相続しようとする住宅用宅地は居住用宅地ですか？

はい

誰が相続するか？

いいえ

事業用宅地ですか？

いいえ　はい

(⟹ p138)

配偶者

同居親族

別居の同一生計の親族

別居親族一定の

その他

居住を継続するか？

いいえ

はい

所有を継続するか？

いいえ

はい

住宅用地の評価は80％減額

減額なし

減額なし

特定事業用宅地等にする方法

Key Concept

事業に使われていた土地だからといって、かならずしも減額の対象になるわけではありません。

　80％減額がされる特定事業用宅地は、次の①②に限られ、さらに、それぞれに条件がつきます。

> **① 被相続人が事業に使っていた土地**
> 　その宅地を相続した人に、さらに次の条件が必要になります。
> ・被相続人の事業を相続税の申告期限までに継承し、なおかつ、その後も事業を営んでいること
> ・その宅地を、相続税の申告期限まで保有していること

> **② 同一生計の親族が事業に使っていた土地**
> 　その事業を営んでいた親族がその宅地を相続した場合、さらに、次の条件 が必要になります。
> ・相続開始の直前から相続税の申告期限まで、その宅地で事業が行われていること
> ・その宅地を相続税の申告期限まで所有していること

　①②の宅地のうち、事業が継承されないとき／申告期限まで事業が継承されないとき／申告期限まで宅地が保有されないときは、減額を受けることはできません。また、平成31年の税制改正により、相続開始前3年以内に事業の用に供された宅地等についても、減額を受けることができなくなりました。ただし、その宅地等にかかる建物等の減価償却資産の価額が宅地等の相続時の価額の15％以上である場合は、減額の対象となります。

　なお、不動産貸付業、駐車場業などは、ここでいう事業には含まれず、貸付用宅地として50％減額になります（ただし、申告期限まで宅地を保有し、一定の貸付の事業の用に供している必要があります）。

　事業を受けつぐ人が、たとえその事業が本業でなく、ほかに仕事を持っているときでも、その事業を引き継げば80％減額は認められます。

相続人の中に特定事業用宅地の要件を満たすものがいる場合は、相続人ごとに評価することになります（要件に該当する相続人が取得した場合のみ80％減額の対象となります）。

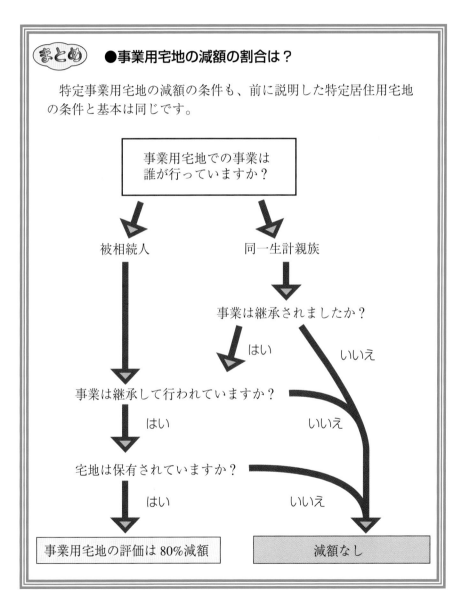

まとめ　●事業用宅地の減額の割合は？

　特定事業用宅地の減額の条件も、前に説明した特定居住用宅地の条件と基本は同じです。

事業用宅地での事業は
誰が行っていますか？

被相続人

同一生計親族

事業は継承されましたか？

はい　　　　　　　いいえ

事業は継承して行われていますか？

はい　　　　　　　いいえ

宅地は保有されていますか？

はい　　　　　　　いいえ

事業用宅地の評価は80％減額

減額なし

⑬ ゴルフ会員権を贈与する

> **Key Concept**
> ゴルフ会員権は、不動産についで大きな財産となっています。このゴルフ会員権も、相続税対策に利用できます。

　ゴルフ会員権を、負担付き贈与することによって、相続税を節税することができます。

　負担付き贈与とは、不動産などの財産を銀行ローンなどの負債といっしょに贈与することなどをいいます。たとえば、時価1億2000万円で、相続税評価額が7000万円のマンションを買ったとします。このとき、自己資金で5000万円、銀行ローン7000万円で購入したとします。そして、このマンションを自分の子供に銀行ローン7000万円の負担で贈与したとすると──。

　かつては、不動産を負担付き贈与したときの贈与財産の評価額は、相続税評価額でしたので、マンションの相続税評価額7000万円から銀行ローン7000万円をマイナスした残りはゼロですから、贈与税もゼロでした。

　しかし、この方法で親から子供に財産を移して、相続税対策をするケースが増えたため、不動産を負担付き贈与したときの評価額は、相続税評価額ではなく時価になりました。

　そのため、ここで述べたケースでは、時価1億2000万円から銀行ローン7000万円を引いた残り5000万円分が贈与税評価額となり、これに相当する贈与税を支払わなければならなくなったのです。

　しかし、不動産以外の財産では、負担付き贈与をすることによってかつて不動産で行えたような節税が可能なのです。こうした場合、時価と相続税評価額の差が大きいものほど節税効果は大きく、それに当てはまるのがゴルフ会員権なのです。ゴルフ会員権は時価の70％で評価されます。

　時価1億円のゴルフ会員権を3000万円の自己資金と7000万円の借入金で買ったとします。ゴルフ会員権の相続税評価額は1億円×70％＝7000万円です。相続税評価額7000万円のゴルフ会員権を7000万円のローン付で贈与したとしても、贈与税は課税されないのです。

●贈与財産はこうして評価される

普通の贈与	→ すべての財産が**相続税評価額**で行われる

負担付き贈与	→ 不動産…**通常の取引価格（時価）**で評価
	→ 不動産以外の財産…**相続税評価額**で行われる

> 時価と相続税評価額の差が大きいものに対して、負担付き贈与をすると効果を発揮するのです！

●負担付き贈与で節税できる仕組み

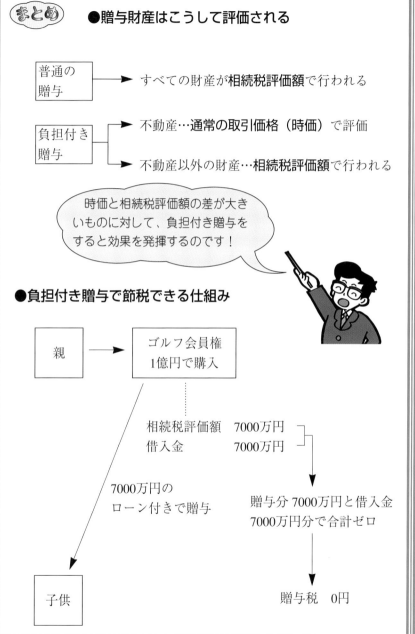

親	→	ゴルフ会員権 1億円で購入

相続税評価額　7000万円
借入金　　　　7000万円

7000万円の
ローン付きで贈与

贈与分 7000万円と借入金
7000万円分で合計ゼロ

子供

贈与税　0円

生命保険を相続税の節税に使う

Key Concept

生命保険は、残された遺族の生活保障だけでなく、相続税対策にも利用することができます。

　生命保険は、一家の大黒柱が病気で入院したり、死亡したりしたときにほかの家族の生活を保障するのがいちばんの役目です。生命保険に非課税枠が認められており、相続人1人当たり500万円まで相続税が無税であるのも、その理由からです。

　そのため、生命保険を相続税対策に活用することもできるのです。そのポイントは次の3つです。

① 納税資金の積立てになる

② 節税効果がある

③ 代償分割の資金にする

　相続財産にかかる税金を支払えるだけの保険金をかけていれば、いざというときでも、土地を担保に納税資金を借入れしたり、物納したりしなくてすむわけです。また、相続人が複数いて、相続財産に分割しにくい不動産がある場合などでも不動産を相続する相続人は、ほかの相続人に現金をその代わりとして分け与えることができます。

　さらに節税効果もあります。相続人1人当たり500万円までの非課税枠は、大いに活用できます。生命保険金のうち、相続財産として課税対象となるのは、

受け取った保険金－（500万円×法定相続人数）

という算式で表せます。

　たとえば法定相続人が妻と子供2人の合計3人のときは、生命保険金のうち、なんと1500万円については税金がかからないのです。1500万円もの金額で、相続税が全くかからないのは生命保険にだけ認められた大きな特典といえるでしょう。

　また、この相続税非課税の枠を利用する相続対策のほかに、保険料を贈与するやり方もあります。

【保険金の相続は現金での相続税に比べてこんなに得！】

《ケース》
現金3200万円を相続した場合と生命保険金3200万円で相続した場合を比較。ほかの相続財産を6800万円とし、どちらも遺産総額は1億円。

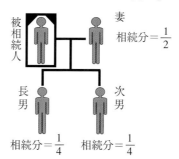

妻
相続分＝$\frac{1}{2}$

被相続人

長男
相続分＝$\frac{1}{4}$

次男
相続分＝$\frac{1}{4}$

☆現金などの遺産1億円に対してかかる相続税額

遺産から差し引ける基礎控除額は

3000万円 ＋（600万円 × 3）＝ 4800万円

であるから課税の対象となる価額は

1億円 － 4800万円 ＝ 5200万円

妻の仮税額 ＝（5200万円× $\frac{1}{2}$ ）× 15％－50万円 ＝ 340万円

長男の仮税額 ＝（5200万円× $\frac{1}{4}$ ）× 15％－50万円 ＝ 145万円

次男の仮税額 ＝（5200万円× $\frac{1}{4}$ ）× 15％－50万円 ＝ 145万円

合計相続税仮総額 ＝ 630万円

☆生命保険を利用できる場合

遺産から差し引ける控除額は

1億円 －（500万円×3）－ 4800万円 ＝ 3700万円

　　　　生命保険の非課税控除額　　　基礎控除額

妻の仮税額 ＝（3700万円× $\frac{1}{2}$ ）× 15％－50万円 ＝ 227万5000円

長男の仮税額 ＝（3700万円× $\frac{1}{4}$ ）× 10％ ＝ 92万5000円

次男の仮税額 ＝（3700万円× $\frac{1}{4}$ ）× 10％ ＝ 92万5000円

合計相続税仮総額 ＝ 412万5000円

このように、単純計算をしてみただけでも、217万5000円の節税効果があることがわかります。

※計算については、P.92の相続税の速算表を参照。

⑮ 個人事業を法人化する

Key Concept

個人で事業を行っている人は、株式会社にした方が、さまざまな面で節税できます。

　不動産賃貸業を営む人や個人事業主なら、株式会社などの法人化にすると、さまざまな面で節税することができます。

　たとえば、会社組織にすれば、代表者の給料は必要経費として落とすことができます。さらに、妻や子供などを社員にして、贈与の代わりに給料という形で、財産を分け与えることができます。もちろん、贈与税がかかることはありません。

　1人当たり40万円を給料という形で財産を分け与えれば、年間480万円は贈与税がかかることなく、財産分与できます（所得税はかかります）。

　ほかにも、財産を株式に換えることによって、生前贈与もより簡単に行うことができます。このとき気をつけなければならないのは、たとえば、幼い子供に、あまり多くの株数を譲渡すると、その購入資金はどこから出たのかということが問題になるケースがあることです。予期しない贈与税がかからないようにするためにも、資金の流れを明確に説明できるようにしておかなければなりません。

　会社組織にしたあと、自分個人の資産を会社に賃貸するのも節税になります。たとえば、自分が持っている土地や建物を会社に貸し付けるのです。法人にせずに、個人事業のままにしていれば、土地や建物は自用地、自用家屋で評価されます。会社に貸し付けたことにすれば、土地は「貸家建付地」、家屋は「貸家」として扱われ、評価額は下がります。

　貸家建付地は、個人のままでいるより法人化した方が「借地権割合×借家権割合」の分だけ評価が低くなります。貸家は、「借家権割合」の分だけ評価が低くなります。借地権割合を70％、借家権割合を30％とすれば、土地は21％、建物は30％まで評価を下げることになります。

　個人事業から法人化するときには、税務上、商法上、民法上の手続きにミスがないようにしてください。税務署の厳しいチェックが入ります。

●個人事業を法人化すると、これだけ節税につながる

＜例＞

・個人事業のままのケース

土地の評価 … 1億円

建物の評価 … 4000万円

○○商店

法人化して会社を設立
建物を会社に賃貸する

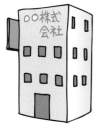

○○株式会社

借地権割合 …… 70%
借家権割合 …… 30%　} とすると……

土地の評価額 …… 1億円 × {1 －（70% × 30%）}
　　　　　　　　　＝7900万円　2,100万円減

建物の評価額 …… 4000万円 ×（1 － 30%）
　　　　　　　　　＝2800万円　1,200万円減

個人→法人化のメリットは
まさにこの点にあるのです！

これからの贈与対策は生前に大型贈与

Key Concept

相続税と贈与税の一体課税により、贈与税は2500万円まではかかりません。これは、従来の110万円よりかなり拡大されました。

　相続時精算課税制度（→ p118）は、下記のような場合に使うことで、節税が期待できるようになります。

① 子供の住宅ローンを肩代わりする

　節税効果としては、返済期間中の銀行に支払う利息が免除されることです。非課税になる2500万円を繰り上げ返済等すると、かなりの利息が免除されます。

　たとえば下記の条件で借入をしたとします。

> 1. 借入元金　2500万円の借入
> 2. 固定金利　3.0%
> 3. 返済期間　30年

　上記の条件で30年間に支払う利息はおおよそ1300万円弱にもなります。親から贈与を受け、借入金を返済すると多少の繰り上げ償還手数料を取られますが、この1300万円弱の利息がゼロになります。相続時精算課税制度を選択しない場合に2500万円の贈与を受けると、810万円強の贈与税がかかります。

② 子供の住宅資金を贈与する

　上記①と似ていますが、当初から借入を少なく、またはゼロにすることにより、こちらも効果は返済期間中の銀行に支払う利息が免除されます。

③ 賃貸住宅を贈与する

　賃貸住宅の**固定資産税評価額**（→ p44）は、建築額に比べてかなり低い

金額になっています。5000万円かけて造った賃貸マンションでも建築後は建築額の6割から半分以下になります。さらに貸家に該当するため、固定資産税評価額の7割が評価額になるので時価よりかなり低くなります。

　賃貸マンションを子供に移転したあとの家賃収入は、すべて子供に移転されます。ここで現金を2500万円贈与されるのと2500万円の賃貸住宅（家賃が年間平均約350万円）の相続人への移転額の相違を見てみましょう。

	現金を2500万円贈与する場合	賃貸住宅を贈与する場合
10年後	2500万円＋預金利息	3500万円の家賃収入（350万円×10）
15年後	2500万円＋預金利息	5250万円の家賃収入（350万円×15）
20年後	2500万円＋預金利息	7000万円の家賃収入（350万円×20）

④ 生前に遺留分を放棄してもらう

　相続の放棄は当然、生前にはできません。しかし、遺留分の放棄は生前でもできます（ただし、遺言では遺留分の放棄を指図できません）。

　ただしその際は、家庭裁判所の許可が必要となる上、相続人に対して強制もできません。裁判所においても「本当に相続人自身の意思なのか」「被相続人の資産はどれくらいあるのか知っているか」など、相続人が一方的に不利益にならないよう確認をします。

　したがって遺留分の生前放棄を円滑に進めるためには、遺留分を放棄する相続人の意思確認とある程度の現金などを生前贈与しておくことが重要です。この贈与については、以前、贈与税という障壁がありましたが、相続時精算課税制度によって2500万円までは無税になりました。特に家庭事情の複雑な人（認知した子、再婚した場合の前妻の子がいる場合など）は生前に紛争のもとを解決してしまいましょう。

⑤ ペイオフ対策に利用する

　現在、定期預金等は1金融機関1000万円（利息は別途）までが**ペイオフ**の保護の対象です。この相続時精算課税制度を使って、子供に贈与することによって、1金融機関への預金は1000万円までになるようにしましょう。

⑥ 非公開株式を相続人に移転する

　非公開株式を所有している場合、その株価が高いために相続税の納付が困難になるケースが非常に多く見受けられます。

　株価の計算方法は会社の業績によって変動します。不良債権の貸し倒れや退職金の支払い等により株価が下がることもあります。株価が下がったときに一度に相続人へ移転すると節税につながることがあります。

　たとえば、社長（父親）の退職に伴い、2億円の退職金を支払ったため株価が50万円から20万円に下がったとします。

　社長の全株式数が500株とし、全株をこの制度を利用して贈与すると1500万円の贈与税【（20万円×500株－110万円－2500万円）×20％＝1478万円】を支払います。この贈与税は相続税の前払いになります。1478万円が相続人になければ、母親についてもこの相続時精算課税制度を利用して、1478万円の贈与を受けてもいいでしょう。

　実際の相続時には、20万円の株価を使って相続税を再計算できます。相続時の株価が仮に50万円でしたら50万円－20万円の差額が節税につながります。

⑦ 個人事業を生前に移転する

　上記⑥の非公開株式の移転は会社組織であることが前提となります。それでは会社ではなく、個人事業の場合はどういった事業承継になるでしょうか。そこで、個人で経営している歯科医を例に話をしてみます。

　70歳の歯科医である父親が長男である息子に診療所を完全に譲りわたし、父親は完全に診療をやめるとします。この場合、次のような財産を長男に移転する必要があります。

> 1. 診療所の土地（時価3000万円）
> 2. 診療所の建物（時価1000万円）
> 3. 機械類（200万円）
> 4. 備品類（150万円）
> 5. 運転資金（300万円）
> 6. 在庫商品（50万円）
> 7. 借入金（1500万円）

　移転の方法は、父親の相続・譲渡・贈与の3つがあります。そのうちの贈与については、以前まで贈与税が大きな障壁となっていましたが、相続時精算課税制度を使うと多額な贈与税が必要なくなりました。

　上記の例で、相続時精算課税制度を使う場合とそうでない場合（110万円の控除）の比較をしてみます。

●相続時精算課税制度を使う場合
①移転財産（上記1から6の合計から7の引きつぐ借入金を控除します）
　3000万円＋1000万円＋200万円＋150万円＋300万円＋50万円−1500万円
　＝3200万円
②税金（3200万円−110万円−2500万円）×20％＝118万円
●110万円の控除を使う場合
　　課税価格×税率−速算控除額＝贈与税
　（3200万円−110万円）×50％−415万円＝1130万円

　上記のように、以前では移転財産を丸ごと贈与しようとすると1130万円かかっていた贈与税が相続時精算課税制度を選択することで118万円程度まで下がります。つまり相続時精算課税制度を利用するとかなりの低い税額で移転できます。したがって生前贈与の方法をとると、生前に事業の引継ぎが完了し、移転後の診療所の利益はすべて相続人に移転されます。

　以上のことから、相続や譲渡以外の方法として贈与も考えてもよいのではないでしょうか。

遺産分割協議のコツひとつで節税

Key Concept

宅地の評価は、あくまでも取得者ごとに評価します。相続後でも十分できる節税方法をお教えしましょう。

　土地の評価の基本は、相続、遺贈、贈与によって取得した土地を取得した者ごとに評価するのが原則です。したがって兄弟2人で分筆し、分割した場合はそれぞれ別々に評価します。一方、兄弟2人で共有にした場合はその土地は全体を一体として評価します。下記に、単純な例で説明します。

■共有にした場合の例

330m²

$\left(\text{兄}\cdots\dfrac{1}{2}\quad\text{弟}\cdots\dfrac{1}{2}\right)$

路線価＝50万円

路線価＝50万円

500,000円＋500,000円×0.05（側方加算）＝525,000円
525,000円×330m²＝173,250,000円

【兄】173,250,000円×$\dfrac{1}{2}$＝86,625,000円

【弟】173,250,000円×$\dfrac{1}{2}$＝86,625,000円

■分割した場合の例

弟…165㎡　　兄…165㎡

路線価＝50万円

路線価＝50万円

【兄】500,000円＋500,000円×0.05（側方加算）＝525,000円

525,000円×330㎡×$\frac{1}{2}$＝86,625,000円

【弟】500,000円×330㎡×$\frac{1}{2}$＝82,500,000円

したがって差額は、86,625,000円－82,500,000円＝4,125,000円

まとめ　　本文のケースでは400万円強の評価減ですが、このように分割するだけでかなりの評価が下がることになります。ただし、分割に当たっては、分割後の土地が極端に狭かったり、道路に全く接していないなど土地利用が図れないような分割は、分割前の状態で評価することになります。

　宅地の広さや接する道路の数、土地の形によってさまざまですが、かなり効果がでると思われます。遺産分割協議のときにぜひ考えてみてください。

地道に勝る節税対策はない

●税理士からの一言

①大胆な節税対策、リスクの大きい節税対策を強く希望する人
ほど、地道な節税対策を行っていない。
②節税を強く希望する人ほど、今まですぐにできる小さな節税
を全くしていない。
③意外に誰でもできる節税を知っていながら実行してない。

　とても大勢の方が、税理士事務所に相続税の節税の相談に来
所します。「何か相続税を支払わなくてすむ方法はありません
か?」「相続税を大幅に下げたいんだけど…」など、その問い
合わせもさまざまです。
　税理士事務所は、相続税の節税だけではなく、会社の経営に
ついても全般的なアドバイスをしていますが、その際にかなら
ず「まず足元を見ましょう」といいます。それは、まずはでき
ることからすぐに始めることを意味します。これと同じこと
が相続税の節税対策にもいえるのです。
　「できることから始める」という点から、次のことを考えて
みてください。

ポイント 1 小規模宅地の「家なき子特例」を厳格化!!

　家なき子特例とは、「小規模宅地等の特例の特定居住用宅地等」の1つです。「小規模宅地等の特例の特定居住用宅地等」の要件を満たすには通常、被相続人と同居していないといけません。

　ただし、家なき子特例については、被相続人に配偶者と同居親族がおらず、亡くなる前3年以内に自己またはその配偶者のマイホームを所有していない別居親族が相続する場合には、特例の適用を受けることができます。

　2018年度の税制改正では下記の要件が追加され、家なき子特例の要件がきびしくなりました。

●亡くなる前3年以内に、3親等内の親族または特別の関係にある法人が所有する家屋に住んでいないこと。

●亡くなったときに相続人が住んでいる家を、その相続人が過去に所有していたことがないこと。

ケース①　遺言書によって子ではなく、持ち家のない孫に自宅を遺贈した場合

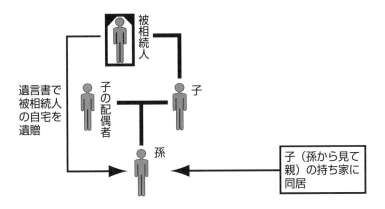

孫は通常、その親と同居していますし、3親等内の親族にあたります。したがって、亡くなる前3年以内に同居している場合は適用を受けられなくなります。

ケース②　子供名義の自宅を亡くなる前に子供の兄弟の名義に変えて、そのまま住んでいる場合

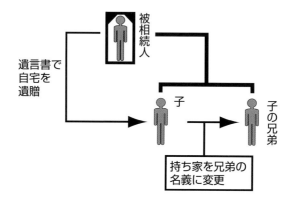

　住んでいる自宅を過去に一度でも所有したことがある場合は、適用を受けられなくなります。

ポイント2 生命保険の利用

生命保険の非課税枠である500万円×法定相続人の数という特例を知っている人は多いと思われます。しかし、相続税を意識してこの非課税枠のすべてを利用しようという方はあまりいません。おそらく保険という商品をよく理解していないことから、このような結果になるのではないでしょうか？

ご自宅にある保険証券をもう一度見てください。保険の種類、保険金額、保険期間がすぐわかるでしょうか？　保険の種類には、定期保険、養老保険、終身保険などがあります。相続税の非課税枠を最大限利用するために生命保険を使うのなら、終身保険に最低、非課税枠と同額以上の死亡保険金で加入する必要があります。

ポイント3 扶養義務者相互間の生活費を負担する

贈与税の非課税規定の扶養義務者相互間において、生活費または教育費に当てられるために贈与を受けたもので通常必要と認められるものは非課税です。ここでの扶養義務者とは、配偶者、直系血族、兄弟姉妹などですので、父から子、祖父から孫への生活資金などの贈与は非課税となります。具体例で説明してみましょう。

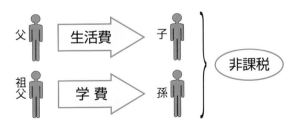

祖父から見ると子供や孫の生活費、学費を負担しても贈与税は非課税です。ポイントは、必要なときにその都度もらうことです。金額の

大小ではありません。ただし、もらった生活費の残りを貯金している
ようでは生活費の負担とはいえません。このような場合は、贈与税が
かかると思ってください。

　生活費や学費なので何十年も積み重なるとかなりの金額になります。
　月に30万円とすると10年間で30万円×12ヵ月×10年＝3600万円にも
なります。祖父は、贈与税の心配をすることなく、子・孫に財産をわ
たすことができるのです。見逃せない節税方法です。また、その間、
相続人はいくらか生活費が削減されるわけですから納税資金をためる
こともできるのです。

教育資金の一括贈与に係る 非課税措置を利用する

　ポイント3で扶養義務者相互間の生活費や教育資金を負担しても贈
与税は非課税であることを説明しました。ここでは、教育資金の一
括贈与にかかる非課税措置を利用することを考えたいと思います。

　まず要件ですが、

①令和5年4月1日から令和8年3月31日までの贈与であること。

②贈与の対象は、文部科学大臣が定める一定の教育資金であること。

③受贈者1人につき、1500万円までが非課税となること（教育資金の
　うち学校等以外の塾等に支払われるものは500万円が限度となり
　ます）。

④贈与者は直系尊属であること（曾祖父母・祖父母・父母）。

⑤受贈者の年齢が30歳未満であること。

⑥贈与の方法　金融機関へ信託等を行い、金融機関を通して「教育
　資金非課税申告書」を受贈者にかかる所轄税務署に提出されること。
　そのため、自ら税務署に贈与税の申告書を提出する必要はないこと。

⑦受贈者は、贈与を受けた資金につき教育資金の支払いのために引
　出した場合は、領収書等を金融機関に提出することを必要とし、
　その書類は金融機関において受贈者が30歳に達した日の翌年の3月

15日以後6年間保存されること。

1500万円まで非課税

直系尊属
（曾祖父母・祖父母・父母）

教育費 → 30歳未満

受贈者
（子・孫）

　先ほどのポイント3（扶養義務者相互間の生活費や教育資金の贈与）と上記の教育資金の一括贈与にかかる非課税措置の相違ですが、
①ポイント3は贈与する時期に制限がないこと。
②ポイント3は教育費に限らず、生活費等範囲が広いこと。
③ポイント3は、金額に制限はないが、一括ではなく、必要なときに、その都度必要な金額に限り贈与する必要があること。
④ポイント3は、贈与者の範囲が「扶養義務者」と広いこと。
⑤ポイント3は、受贈者の年齢等に制限がないこと。
⑥ポイント3は、金融機関等に対して申告する必要はないこと。

　教育資金の一括贈与に係る非課税措置のデメリットは、受贈者が30歳になったときに贈与された金額に残額がある場合は、その金額に対して贈与税がかかるということです。
　一方、メリットは、受贈者が教育費として使う前に贈与者が死亡したとしても、残額を30歳までに教育費として使えば非課税という点です。
　たとえば、孫が4人いる場合は、祖父から孫4人に対してそれぞれ1500万円を贈与すると、4人×1500万＝6000万を贈与税の心配することなく、孫の教育資金に当てることが可能となります。見逃せない節税方法といえるでしょう。

2世帯住宅も小規模宅地等の特例を利用しやすい

　2世帯住宅の場合、構造上の区分がされず、玄関が1つで中を行き来できる構造であれば、そこに住んでいる親族は同居と扱われました。しかし、構造上区分がある2世帯住宅（住宅内部を壁等で隔て、それぞれの玄関を通じてのみ行き来のできる住宅等）の住宅の敷地については、原則的には小規模宅地等の特例を受けることはできませんでした。

　ところが、平成25年度の税制改正により、構造上区分があり、住宅の内部で行き来できない2世帯住宅の敷地であっても、同居しているものと扱われ、小規模宅地等の特例の対象とされました。

　たとえば、親が構造上区分されている賃貸併用の2世帯住宅を建築し、1階を店舗として賃貸し、2階を息子夫婦が、3階を両親が使った場合、2階と3階の部分に対応する部分は小規模宅地等の特例の対象となるのです。

　2世帯住宅に小規模宅地等の特例を適用する際の留意点としては、区分登記された2世帯住宅については、被相続人の居住部分のみが小規模宅地等の特例の対象とされることです。

　下記の3つの例で確認しておきましょう。

■例1
2階建の2世帯住宅（1階は両親が、2階は息子の家族が居住）で、区分登記の2世帯住宅の場合（1階部分は親、2階部分は息子）
→1階に対応する土地が、小規模宅地等の特例の対象となります。

■例2
2階建の2世帯住宅（1階は両親が、2階は息子の家族が居住）で、すべて親の所有の場合
→1階および2階の両方に対応する土地が、小規模宅地等の特例の対象となります。

■例3
2階建の2世帯住宅（1階は両親が、2階は息子の家族が居住）で、親が
1/2と息子が1/2の共有の場合
→1階および2階の両方に対応する土地が、小規模宅地等の特例の対象
となります。

老人ホーム入居でも小規模宅地等の特例を利用しやすい

　以前は、終身利用権等や所有権等を購入等し、老人ホーム等に入居
すると、自宅敷地は小規模宅地等の特例の要件に該当しないとされて
いました。

　しかし、平成25年度の税制改正により、一定の要件があるものの、
自宅敷地についても小規模宅地等の特例を受けられるようになりまし
た。つまり、安心して老人ホーム等に入居しやすくなると思われます。

　下記の要件を満たす場合は、老人ホーム等の終身利用権等や所有権
等を購入等し、老人ホーム等に入居している場合であっても、もとも
との自宅敷地については、被相続人の居住の用に供されていたものと
して、小規模宅地等の特例の対象とされました。

①被相続人は、相続開始直前において要介護認定を受けていたこと
②介護が必要なため、被相続人が老人ホーム等に入居したこと
③老人ホームに入居後、当該家屋が貸付等の用途に供されていないこと

　ただし、注意しておきたいのは、この平成25年度の改正では、被相
続人が老人ホームに入居した後であっても、被相続人が継続して居宅
として利用しているものとして扱うということです。

　したがって、小規模宅地等の特例に該当するためには、相続する人
の要件として、配偶者であるか、または以前から同居していたなど、
取得する側の要件を満たす必要があります。

そのため、たとえば介護が必要となって、老人ホームに入居し、老人ホームで亡くなった後、そのもともとの自宅敷地を相続した子が売却してしまった場合などは、小規模宅地等の特例を受けることはできません。

　また、他にも、介護が必要となった父親を、子の家に引き取った後で老人ホームへ入居した場合、もともとの父親の自宅には小規模宅地等の特例の適用はできないことになります。この例の場合、元の父親の自宅から、子の家に移った後に老人ホームに入所しているので、子の家に移った時点で、生活の根拠が子の家に移ったと考えられ、小規模宅地等の特例は受けられないからです。

小規模宅地等の特例の限度面積の併用

　以前は、2以上の宅地等につき小規模宅地等の特例の適用を受ける場合は、限度面積について調整計算が必要でした。

　しかし、平成25年度の税制改正により、特定事業用宅地等および特定居住用宅地等の2つについては、完全併用が可能となりました。

　したがって、特定事業用宅地等で最大400㎡、特定居住用宅地等で最大330㎡、合計で730㎡まで特例を受けることが可能となりました。

●小規模宅地等にかかる適用対象面積　合計730㎡
（特定事業用宅地等で最大400㎡、特定居住用宅地等で最大330㎡を合計）

　では、どのくらいの節税効果があるか具体例で説明してみましょう。

　たとえば自宅の敷地300㎡、相続税評価額が1億2000万円、特定事業用の敷地が350㎡、相続税評価額7000万円の場合を考えてみます。

■特例適用前の評価額

自宅の敷地　　　1億2000万円
特定事業用の敷地　7000万円
合計　　　　　　1億9000万円

■節税効果
小規模宅地等の特例による減額価格　合計　1億5200万円
（1億9000万円−3800万円＝1億5200万円）

■自宅の部分の減額価格
1億2000万円÷300㎡×300㎡×80％＝9600万円

■特定事業用部分の減額価格
7000万円÷350㎡×350㎡×80％＝5600万円

■特例適用後の評価額
自宅の敷地　1億2000万円−9600万円＝2400万円
特定事業用の敷地　7000万円−5600万円＝1400万円
合計　3800万円

3年以内の不動産取得は 小規模宅地等の特例から除外！

　2018（平成30）年4月1日より、貸付事業用の小規模宅地特例に大きな税制改正が行われました

　小規模宅地の特例の1つに、「貸付事業用宅地等の特例」があります。亡くなった人が賃貸物件（アパートや駐車場など）として使用していた土地の評価に関して、200㎡までの分については、50％減額する特例です（アスファルトや砂利のない青空駐車場は不可）。

　一般的に相続財産として、現金を残すより不動産に換えたほうが相続税の評価額は低くなります。その不動産を賃貸にすればさらに評価

額は下がり、かつ「貸付事業用宅地等の特例」を利用すれば、そこからまたさらに50％も減額されるので、節税の効果はかなり大きいものとなります。

　しかし、今回の改正により、亡くなる前3年以内に住宅の賃貸や駐車場の賃貸を始めた土地に関しては、適用を受けられなくなりました。

　ですので、次に当てはまる人は、注意が必要です！

●相続対策としてアパートを購入したい人。

●空き地を駐車場・駐輪場として賃貸を開始したばかりの人。

　なお、次に当てはまる人は、改正後でも特例を使えます！

●亡くなる前3年を超えて貸家5棟以上、もしくはアパートやマンションを10室持っているような不動産に力を入れている大家さん。

申告手続きの仕方

　ここでは実際に相続税を納付するときの手続きについて見ていくことにします。メインになるのは申告手続きです。税務署にはずいぶんたくさんの書類を提出しなければなりません（20種類以上あります！）。相続の申告では多くの人が書類アレルギーになってしまいがちですが、今まで説明してきたことがきちんと頭の中で整理されていれば「もうわけがわからない」という事態には陥らず、「ああ、あのことか」と多くの書類を目の前にしても比較的目を向けやすくなっているはずです。相続税を納付するために必要な書類は何であるか、ここであらためて確認していくことにしましょう。

相続開始から申告・納付までの流れ

Key Concept

相続の開始は、被相続人の死亡からです。さまざまな手続きがあり、それぞれに期限があるので注意しましょう。

　相続とは、亡くなった人の財産を受けつぐことですから、相続開始は、被相続人の死亡によっておこります。

　被相続人の死亡届を7日以内に市町村役場に提出します。この届出がないと、火葬や埋葬の許可がとれません。初七日、四十九日などの法要は社会的儀礼ですが、この他、法的にはさまざまな相続手続きがあります。

　まず、遺言があるかどうかを調べます。遺言が見つかったときは開封などをせずに、家庭裁判所で内容を確認してもらいます。

　次に、**相続放棄、限定承認**（期限は**3ヵ月以内**→ p30）、死亡した人の所得税の**準確定申告**（期限は**4ヵ月以内**　→ p166）、相続人の確定、相続財産の調査、**遺産分割協議**（→ p170）、配分した財産の**名義変更**（→ p196）、**相続税の申告・納付**（期限は**10ヵ月以内**　→ p188）と続きます。

　ほかに忘れてならないのが、生命保険金の請求などです。また、相続財産を確定する上で大切なのが、葬式費用です。葬式費用は債務と同様に相続財産から差し引くことができるのです（→ p22）。

　葬式費用として認められるもの、認められないものがありますが、とりあえず領収書は保管するようにします。

【葬式費用になるもの】

　葬式において葬儀社に払った費用、火葬・埋葬・納骨に要した費用、お布施・戒名料など寺へ払った費用

　タクシー代などの交通費（遺体の捜索や遺体・遺骨の運搬費）

【葬式費用にならないもの】

　香典返しの費用

　墓地の費用

　初七日や四十九日などの法要の費用

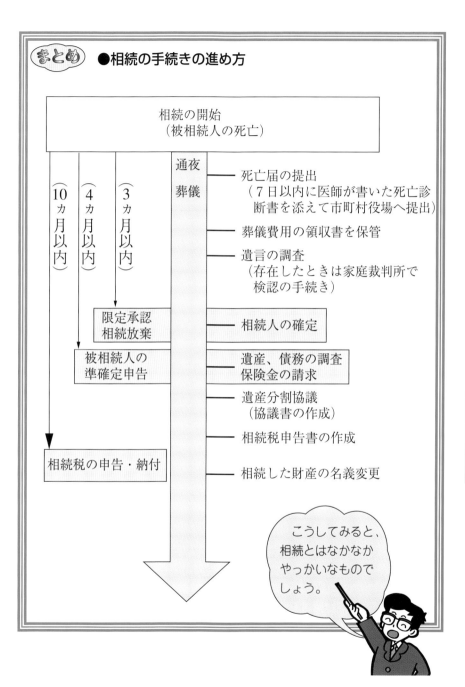

まとめ ●相続の手続きの進め方

相続の開始
（被相続人の死亡）

通夜
葬儀

死亡届の提出
（7日以内に医師が書いた死亡診
断書を添えて市町村役場へ提出）

葬儀費用の領収書を保管

遺言の調査
（存在したときは家庭裁判所で
検認の手続き）

（3ヵ月以内）
限定承認
相続放棄

相続人の確定

（4ヵ月以内）
被相続人の
準確定申告

遺産、債務の調査
保険金の請求

遺産分割協議
（協議書の作成）

相続税申告書の作成

（10ヵ月以内）
相続税の申告・納付

相続した財産の名義変更

こうしてみると、
相続とはなかなか
やっかいなもので
しょう。

② 被相続人の所得税の申告をする

Key Concept

死亡した人も所得税を支払わなければなりません。本人が死亡しているため、相続人が死亡後、4ヵ月以内に納めます。

　生きている人だけでなく、亡くなった人にも所得税は課税されます。所得税の確定申告は、通常なら1月1日～12月31日までの1年間の所得と税額を計算して、翌年の2月16日～3月15日までの間に行います。

　死亡したときは、その年の1月1日から死亡の日までの所得を計算して、相続人が被相続人の所得税を納めなければなりません。これを「準確定申告」といいます。所得税の準確定申告は、相続（＝被相続人の死亡）を知った日の翌日から4ヵ月以内に申告しなければなりません。申告をするのは、相続人になります。

　準確定申告によって納められた所得税は、債務として相続財産からマイナスすることができます。また、準確定申告には、還付申告も含まれます。還付された所得税は相続財産に加算して相続税を計算することになります。

　準確定申告のやり方は、通常の確定申告とほぼ同じです。申告書も、準確定申告専用のものはなく、通常の確定申告書に"準確定申告"と記入します。さらに相続人が2人以上のときは、「死亡した者の○年分の所得税の確定申告書付表」を添付して提出しなければなりません（右ページ参照）。相続人が1人のときは、確定申告書付表の提出は必要ありません。

ワンポイントアドバイス　●死亡後に支払われる給与はどんな扱いになる？

　死亡後に支払われた給与は、所得税の課税対象にはなりません。相続税の課税対象になるのです。したがって、死亡後に支払われた給与に関しては、準確定申告のときも所得には含めず、相続財産に加算します。

　また、死亡した人が、会社など1ヵ所からの給与所得しかなければ、その会社で一種の年末調整をやってくれるケースもあります。その場合には、準確定申告の必要はありません。

【「準確定申告書付表」の記入例】

死亡した者の___○___年分の所得税及び復興特別所得税の確定申告書付表
（兼相続人の代表者指定届出書）

受付印

1　死亡した者の住所・氏名等

| 住所 | （〒○○○-○○○○　）
○○区△△町×－×－× | 氏名 | フリガナ
スズキ　タロウ
鈴木　太郎 | 死亡年月日 | ○○年　3月　31日 |

2　死亡した者の納める税金又は還付される税金　第3期分の税額　〔還付される税金のときは頭部に△印を付けてください。〕　1,876,000　円 … A

3　相続人等の代表者の指定　〔代表者を指定されるときは、右にその代表者の氏名を書いてください。〕　相続人等の代表者の氏名　スズキ　ハナコ　鈴木　花子

4　限定承認の有無　〔相続人等が限定承認をしているときは、右の「限定承認」の文字を○で囲んでください。〕　限定承認

5　相続人等に関する事項

(1) 住　所	（〒○○○-○○○○　） ○○区△△町×－×－×	（〒○○○-○○○○　） ○○区△△町×－×－×	（〒○○○-○○○○　） ○○区△△町×－×－×	（〒　-　）
(2) 氏　名（署名）	フリガナ　スズキ　ハナコ 鈴木　花子	フリガナ　スズキ　イチロウ 鈴木　一郎	フリガナ　スズキ　ジロウ 鈴木　次郎	フリガナ
(3) 個人番号				
(4) 職業及び被相続人との続柄	職業　なし　続柄　妻	職業　会社員　続柄　長男	職業　大学生　続柄　次男	職業　続柄
(5) 生年月日	明・大・昭・平・令 ○年　7月　10日	明・大・昭・平・令 ○年　7月　28日	明・大・昭・平・令 ○年　8月　6日	明・大・昭・平・令 年　月　日
(6) 電話番号	(00)－0000－0000	(00)－0000－0000	(00)－0000－0000	(　)－　－
(7) 相続分 … B	法定・指定 $\frac{1}{2}$	法定・指定 $\frac{1}{4}$	法定・指定 $\frac{1}{4}$	法定・指定
(8) 相続財産の価額	41,290,000 円	20,645,000 円	20,645,000 円	円

6　納める税金等

A が黒字のとき 各人の納付税額　A × B〔各人の100円未満の端数切捨て〕	938,0 00 円	469,0 00 円	469,0 00 円	00 円
A が赤字のとき 各人の還付金額〔各人の1円未満の端数切捨て〕	円	円	円	円

7　還付される税金の受取場所

振込みを希望する場合の預金口座に	銀行名等	銀　行 金庫・組合 農協・漁協	銀　行 金庫・組合 農協・漁協	銀　行 金庫・組合 農協・漁協	銀　行 金庫・組合 農協・漁協
	支店名等	本店・支店 出　張　所 本所・支所	本店・支店 出　張　所 本所・支所	本店・支店 出　張　所 本所・支所	本店・支店 出　張　所 本所・支所
	預金の種類	預　金	預　金	預　金	預　金
	口座番号				
ゆうちょ銀行の貯金口座に振込みを希望する場合	貯金口座の記号番号	－	－	－	－
郵便局等の窓口で受取りを希望する場合	郵便局名等				

（注）「5　相続人等に関する事項」以降については、相続を放棄した人は記入の必要はありません。

税務署整理欄	整理番号	0	0	0	0
	番号確認　身元確認	□ 済 □ 未済	□ 済 □ 未済	□ 済 □ 未済	□ 済 □ 未済

一通番号

Section 5

167

③ 相続人の確定と相続財産の調査

Key Concept

相続は被相続人の財産（債務を含めて）を相続人が受けつぐことですから、財産の確定と相続人の確定が必要です。

　被相続人に配偶者や子供がいれば、相続人はほぼ彼らに確定といっていいでしょう。ところが、配偶者も子供もなく、被相続人の兄弟姉妹やその子供、非嫡出子、養子が相続人となるケースでは、数も多くなって相続人の確定には時間がかかるケースもでてきます。

　相続人の調査の第一歩は、被相続人の戸籍を調べるところから始まります。被相続人の戸籍を市町村役場で調べます。もし本籍地を移しているようなときは、前の本籍地での戸籍謄本も調べて、被相続人の出生から死亡まで調べて、相続人にもれがないかどうか確認します。

　さらに、相続人の生存の確認も必要になります。そのため、相続人全員の戸籍謄本、住民票の写しまで必要になってくるのです。

　次に相続人の順位の上の順番から該当者がいるのかどうか、生存しているかどうかを確認していきます。

ワンポイントアドバイス　●戸籍謄本、住民票の写しは何通必要か？

　被相続人の除籍謄本（または戸籍謄本）と各相続人の戸籍謄本と住民票の写しは、相続人用、相続税申告用、不動産登記用の計3通必要になります。なお、住民票はマイナンバーの記載なしで請求してください。

　次に相続財産がどれだけあるのかを調べる必要があります。資産家などの場合は、相続人本人も知らなかった財産が見つかるケースも多いのです。

●相続税の課税対象になる財産

相続税の課税対象になる財産 ── 本来の相続財産／みなし相続財産／3年以内の贈与財産

被相続人に債務（借金）があれば、相続の放棄をしない限り、相続人が負担することになります。「債務控除」として相続財産からマイナスできるわけですから、債務も確認しておきます。

　相続財産の調査法には、次のような方法があります。

【不動産の財産があるかどうかのチェック】
　「権利証」を調べる
　「登記簿謄本」を調べる
　「固定資産税評価証明書」を調べる
　「貸借契約書」を調べる

【有価証券があるかどうかのチェック】
　「株券」「預り証」「取引証明書」を調べる

【預貯金の財産があるかどうかのチェック】
　「通帳」「残高証明書」を手に入れる

【調査しなければならない財産】

土地	所在地番 面積 利用状況 接道状況 形状	家屋	所在地番 家屋番号 構造 面積 用途
地上権 借地権	所在地番 面積 利用状況 接道状況 権利の残存期間	預貯金	金融機関 種類 金額 預け入れ日 満期日
農地	所在地番 面積 利用状況 地目	株式	銘柄 価格 数量 上場か非上場か

④ 遺産の分割協議のやり方

> **Key Concept**
> 遺産をどのように分けるか、相続人たちの間で話し合います。話し合いがまとまったら、遺産分割協議書を作成します。

　相続は、被相続人が亡くなった時点で開始します。2人以上の相続人が存在するときは、それぞれの相続分で相続遺産を共有していることになっています。その財産を各相続人のものにするためには、遺産を分割しなければなりません。

　原則的に遺産の分割は、遺言（➡ p208）があれば遺言に沿って分割し、なければ法定相続分に沿って分割を行います。ただし、これらの規定にしたがって遺産分割しなければならないわけではありません。相続人すべての同意があれば、どのような分割をしてもかまわないのです。遺産の分割について相続人同士が話し合うことを「遺産分割協議」といいます。

　遺産分割協議がまとまったら、それを文書にまとめます。その文書を「遺産分割協議書」といいます。遺産分割協議書は必ず作成しなければならないというわけではないのですが、以下の2つのケースのときは、必要になってきます。

・相続税の申告をしなければならないとき
・不動産の名義書き換えの手続きを行うとき

　これらのケース以外のときは、相続人同士でトラブルがおこる恐れがなければ遺産分割協議書は必要ありません。

ワンポイントアドバイス　●遺産分割協議書の作成の注意点

　遺産分割協議書についての作成のルールは、特にありません。タテ書きでもヨコ書きでもかまいませんが、以下の点は注意が必要です。

　・相続人の住所は住民票に記載されたものを書く
　・不動産については、登記簿謄本に記載されたものを書く
　・押印する証印は印鑑証明を受けた実印を使う
　・相続人全員の自署・押印が必要
　・相続税の申告書には、協議書のコピーが必要

【遺産分割協議書の書き方例】

遺産分割協議書

　被相続人山田太郎の遺産については、同人の相続人全員において分割協議を行った結果、各相続人がそれぞれ次の通り遺産分割し、取得することに決定した。

1　相続人山田花子が取得する財産
　　（1）東京都江東区○○町2丁目7番地　宅地210m^2
　　（2）同所同番地　家屋番号9番
　　　　　木造瓦葺2階建　居宅　床面積140m^2
　　（3）上記居宅内にある家財一式
　　（4）○○銀行××支店　定期預金　1口900万円

2　相続人山田一郎が取得する財産
　　（1）株式会社△△の株式　40,000株
　　（2）株式会社□□　第8回転換社債　券面額　600万円

3　相続人山田次郎が取得する財産
　　（1）▽▽銀行××支店　定期預金　1口600万円

4　相続人山田一郎が負担する被相続人の債務
　　（1）○○銀行××支店からの借入金　250万円

　上記の通り相続人全員による遺産分割の協議が成立したので、これを証するため本書を作成、各自署名押印する

　○○年○月○○日

東京都江東区○○町2丁目7番地　　相続人　　山田花子　

東京都江東区○○町4丁目6番地　　相続人　　山田一郎　

東京都江東区○○町6丁目5番地　　相続人　　山田次郎　印

⑤ 申告書類を作成する

Key Concept

> 遺産分割協議が終わったら、相続税の申告書類を作成します。書類作成は手間がかかるので、税理士に依頼するのが無難です。

　誰が何を受けつぐか、財産の分割協議が終わったら、税務署に申告する準備を始めます。

　相続税の申告書は「第1表」から「第15表」まであり、それに続表と付表があるものがあります。これらの表は下図のような手順に基づいて作成するとやりやすくなります。相続税の申告書は基本的には第1表だけで、あとの書類は第1表にともなう計算書と明細書となります。

【申告書の作成の手順】

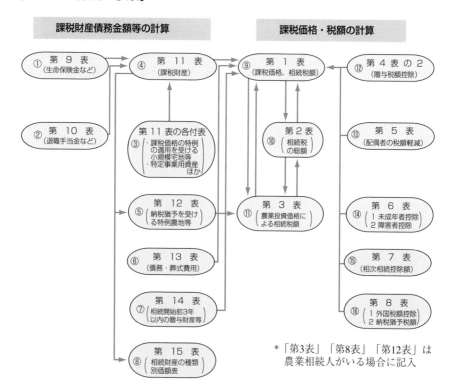

【第1表の記入例①】

相続税の申告書

| FD3561 |

○○ 税務署長
○年 5月 9日 提出

相続開始年月日 ○○年 3月 31日　　※申告期限延長日　　年　月　日

○フリガナは、必ず記入してください。

	各 人 の 合 計	財産を取得した人	参考として記載している場合
フ リ ガ ナ	（被相続人）	スズキ ハナコ	
氏　　　名	スズキ タロウ　鈴木 太郎	鈴木 花子	参考
個人番号又は法人番号		⓪⓪⓪⓪ ⓪⓪⓪⓪ ⓪⓪⓪⓪	
生　年　月　日	昭和○年 1月 5日（年齢 ○歳）	昭和○年 7月 10日（年齢 ○歳）	
住　　　所 （電話番号）	○○区△△町×－×－×	〒○○○－○○○○ ○○区△△町×－×－× （ － ××××－×××× ）	
被相続人との続柄　職業	○○会社役員	妻　　　なし	
取　得　原　因	該当する取得原因を○で囲みます。	相続・遺贈・相続時精算課税に係る贈与	
※ 整 理 番 号			

課税価格の計算

		各 人 の 合 計	鈴木 花子
取得財産の価額（第11表③）	①	226627520	129848599
相続時精算課税適用財産の価額（第11の2表1⑦）	②		
債務及び葬式費用の金額（第13表3⑦）	③	98045520	79737000
純資産価額（①+②-③）（赤字のときは0）	④	128582000	50111599
純資産価額に加算される暦年課税分の贈与財産価額（第14表1④）	⑤	10000000	2000000
課税価格（④+⑤）（1,000円未満切捨て）	⑥	138582000	52111000

各人の算出税額の計算

法定相続人の数　遺産に係る基礎控除額	⑦	3人　48000000	Ⓑ 左の欄には、第2表の②の回の人数及び⑦の金額を記入します。
相続税の総額	⑦	12851500	左の欄には、第2表の⑧の金額を記入します。
一般の場合（⑩の場合を除く）	あん分割合（各人の⑥／Ⓐ）	⑧	1.00	0.38
	算出税額（⑦×各/人の⑧）	⑨		4883570
農地等納税猶予の適用を受ける場合	算出税額（第3表⑦）	⑩		
相続税額の2割加算が行われる場合の加算金額（第4表⑦）	⑪		

各人の納付・還付税額の計算

税額控除			各 人 の 合 計	鈴木 花子
	暦年課税分の贈与税額控除額（第4表の2⑤）	⑫	470000	90000
	配偶者の税額軽減額（第5表○又は○）	⑬	4793570	4793570
	未成年者控除額（第6表1②,③又は⑥）	⑭		
	障害者控除額（第6表2②,③又は⑥）	⑮		
	相次相続控除額（第7表⑬又は⑱）	⑯	791659	306970
	外国税額控除額（第8表1⑧）	⑰		
	計	⑱	6055229	5190540
差引税額（⑨+⑪-⑱）又は（⑩+⑪-⑱）（赤字のときは0）	⑲	7103241	0
相続時精算課税分の贈与税額控除額（第11の2表⑧）	⑳	00	00
医療法人持分税額控除額（第8の4表2B）	㉑		
小　計（⑲-⑳-㉑）（黒字のときは100円未満切捨て）	㉒	7103100	00
納税猶予税額（第8の8表⑧）	㉓	00	00
申告納税額	申告期限までに納付すべき税額（㉒-㉓）	㉔	7103100	00
	還付される税額（㉒-㉓）	㉕		

※の項目は記入する必要がありません。

申告区分	年分	グループ番号	補完番号			補完番号	
名簿番号		申告年月日		関与区分	書面添付	検算	管理補完　確認

作成税理士の事務所所在地・署名・電話番号

○○区△△町×－×－×　××××－××××　藤井 和哉

☑ 税理士法第30条の書面提出有
☑ 税理士法第33条の2の書面提出有

（資4－20－1－1－A4統一）第1表（令4.7）

第1表（平成31年1月分以降用）

（注）②欄の金額が赤字となる場合は、外国税額控除額（第11の2表1⑨）があるときの㉕欄の金額については、参考として記載している場合⑥は、この申告書で提出しない人である場合（参考として記載している場合）、㉒欄の左端に△を付してください。なお、この場合で、㉒欄の金額のうちに贈与税の22欄の左端に△を付してください。25欄の金額を○で囲んでください（その人の分は申告書とは取り扱いません。）。

Section 5

173

相続税の申告書(続)

FD3562

○この申告書は機械で読み取りますので、黒ボールペンで記入してください。

○フリガナは、必ず記入してください。

		財産を取得した人	参考として記載している場合	財産を取得した人	参考として記載している場合
フリガナ		スズキ イチロウ		スズキ ジロウ	
氏 名		鈴木 一郎	(参考)	鈴木 次郎	(参考)
個人番号又は法人番号		↓個人番号の記載に当たっては、左端を空欄としここから記入してください。 ◯◯◯◯◯◯◯◯◯◯◯◯		↓個人番号の記載に当たっては、左端を空欄としここから記入してください。 ◯◯◯◯◯◯◯◯◯◯◯◯	
生 年 月 日		昭和◯ 年 7 月 28 日(年齢 ◯ 歳)		昭和◯ 年 8 月 6 日(年齢 ◯ 歳)	
住 所 (電話番号)		〒◯◯◯-◯◯◯◯ ◯◯区△△町×-×-× (－ ×××－××××)		〒◯◯◯-◯◯◯◯ ◯◯区△△町×-×-× (－ ×××－××××)	
被相続人との続柄 職業		長男 　　会社員		次男 　　会社員	
取得原因		(相続)遺贈・相続時精算課税に係る贈与		(相続)遺贈・相続時精算課税に係る贈与	
※ 整理番号					

課税価格の計算	取得財産の価額(第11表③)	①	54643148 円		42135773 円	
	相続時精算課税適用財産の価額(第11の2表①⑦)	②				
	債務及び葬式費用の金額(第13表3⑦)	③	18308520			
	純資産価額(①+②-③)(赤字のときは0)	④	36334628		42135773	
	純資産価額に加算される暦年課税分の贈与財産価額(第14表1④)	⑤	4000000		4000000	
	課税価格(④+⑤)(1,000円未満切捨て)	⑥	40334000		46135000	
各人の算出税額の計算	法定相続人の数 遺産に係る基礎控除額					
	相続税の総額	⑦				
	一般の場合(⑩の場合を除く) あん分割合(各人の⑥)(Ⓐ)	⑧	0.29		0.33	
	算出税額(⑦×各人の⑧)	⑨	3726935 円		4240995 円	
	農地等納税猶予の適用を受ける場合 算出税額(第3表⑨)	⑩				
	相続税額の2割加算が行われる場合の加算金額(第4表⑦)	⑪	円		円	
各人の納付・還付税額の計算	税額控除 暦年課税分の贈与税額控除額(第4表の2⑤)	⑫	190000		190000	
	配偶者の税額軽減額(第5表⑤又は⑥)	⑬				
	未成年者控除額(第6表1②、③又は⑥)	⑭				
	障害者控除額(第6表2③、③又は⑥)	⑮				
	相次相続控除額(第7表③又は⑱)	⑯	226188		258501	
	外国税額控除額(第8表1⑧)	⑰				
	計	⑱	416188		448501	
	差引税額(⑨+⑪-⑱)又は(⑩+⑪-⑱)(赤字のときは0)	⑲	3310747		3792494	
	相続時精算課税分の贈与税額控除額(第11の2表⑧)	⑳	00		00	
	医療法人持分税額控除額(第8の4表2B)	㉑				
	小計(⑲-⑳-㉑)(黒字のときは100円未満切捨て)	㉒	3310700		3792400	
	納税猶予税額(第8の8表⑧)	㉓	00		00	
	申告納税額 申告期限までに納付すべき税額(㉒-㉓)	㉔	3310700		3792400	
	還付される税額	㉕	△		△	

税務署整理欄	申告区分	年分	グループ番号	補完番号		補完番号	
	名簿番号	申告年月日		管理補完	確認	検算	管理補完 確認

(資4-20-2-1-A4続→)第1表(続)(令4.7)

右側縦書き:
第1表(続)(平成31年1月分以降用)

○この申告書で提出しない人である場合(参考として記載している場合)は、参考を○で囲んでください

(注)⑫欄の金額が赤字となる場合は、⑫欄の左端に△を付してください。なお、この場合で、外国税額控除額(第11の2表⑨)があるときの⑳欄の金額については、「相続税の申告のしかた」を参照してください。(その人の分は申告書とは取り扱いません。)

※の項目は記入する必要がありません。

174

相 続 税 の 総 額 の 計 算 書

| 被相続人 | 鈴 木 太 郎 |

第2表（平成27年分以降用）

この表は、第1表及び第3表の「相続税の総額」の計算のために使用します。
なお、被相続人から相続、遺贈や相続時精算課税に係る贈与によって財産を取得した人のうちに農業相続人がいない
場合は、この表の⑧欄及び⑩欄並びに⑨欄から⑪欄までは記入する必要がありません。

○この表を修正申告書の第2表として使用するときは、④欄には修正申告書第1表の⑭欄の⑥④の金額を記入し、⑥欄には修正申告書

○第3表の1の⑭欄の⑥④の金額を記入します。

① 課税価格の合計額	② 遺産に係る基礎控除額	③ 課税遺産総額
④（第1表⑥④） 138,580 ,000 円	3,000万円 +（600万円 × ⑥の法定相続人の数 3 人）= 4,800 万円	ⓒ（④-⑥） 90,580 ,000 円
⑤（第3表⑥④） ,000 円	ⓑの人数及びⓑの金額を第1表Ⓑへ転記します。	ⓒ（⑥-⑥） ,000 円

④ 法定相続人 （注）1参照）		⑤ 左の法定相続人に応じた法定相続分	第1表の「相続税の総額⑦」の計算		第3表の「相続税の総額⑦」の計算	
氏 名	被相続人との続柄		⑥ 法定相続分に応ずる取得金額（ⓒ×⑤）(1,000円未満切捨て)	⑦ 相続税の総額の基となる税額 下の「速算表」で計算します。	⑨ 法定相続分に応ずる取得金額（ⓒ×⑤）(1,000円未満切捨て)	⑩ 相続税の総額の基となる税額 下の「速算表」で計算します。
鈴 木 花 子	妻	1／2	45,290 ,000 円	7,058,000 円	,000 円	円
鈴 木 一 郎	長男	1／4	22,645 ,000	2,896,750	,000	
鈴 木 次 郎	次男	1／4	22,645 ,000	2,896,750	,000	
			,000		,000	
			,000		,000	
			,000		,000	
			,000		,000	
			,000		,000	
法定相続人の数 Ⓐ 人 合計 1			⑧ 相続税の総額（⑦の合計額）(100円未満切捨て) 12,851,5 00		⑪ 相続税の総額（⑩の合計額）(100円未満切捨て) 00	

(注)1 ④欄の記入に当たっては、被相続人に養子がある場合や相続の放棄があった場合には、「相続税の申告のしかた」
をご覧ください。
2 ⑧欄の金額を第1表⑦欄へ転記します。財産を取得した人のうちに農業相続人がいる場合は、⑧欄の金額を第1表
⑦欄へ転記するとともに、⑪欄の金額を第3表⑦欄へ転記します。

相 続 税 の 速 算 表

法定相続分に応ずる取得金額	10,000千円以下	30,000千円以下	50,000千円以下	100,000千円以下	200,000千円以下	300,000千円以下	600,000千円以下	600,000千円超
税 率	10%	15%	20%	30%	40%	45%	50%	55%
控 除 額	－ 千円	500千円	2,000千円	7,000千円	17,000千円	27,000千円	42,000千円	72,000千円

この速算表の使用方法は、次のとおりです。
⑥欄の金額×税率－控除額＝⑦欄の税額　　　⑨欄の金額×税率－控除額＝⑩欄の税額
例えば、⑥欄の金額30,000千円に対する税額（⑦欄）は、30,000千円×15％－500千円＝4,000千円です。

○連帯納付義務について
相続税の納税については、各相続人等が相続、遺贈や相続時精算課税に係る贈与により受けた利益の価額を限度として、
お互いに連帯して納付しなければならない義務があります。

第2表(平30.7)　　　　　　　　　　　　　　　　　　　　　　　　　　　　　　　　（資4－20－3－A4統一）

Section 5

【第4表の2の記入例】

暦年課税分の贈与税額控除額の計算書

被相続人	鈴 木 太 郎

この表は、第14表の「1 純資産価額に加算される暦年課税分の贈与財産価額及び特定贈与財産価額の明細」欄に記入した財産のうち相続税の課税価格に加算されるものについて、贈与税が課税されている場合に記入します。

	控除を受ける人の氏名		鈴 木 花 子	鈴 木 一 郎	鈴 木 次 郎
相続開始の年の前年分（　　年分）	贈与税の申告書の提出先		税務署	○○ 税務署	○○ 税務署
	被相続人から暦年課税に係る贈与によって租税特別措置法第70条の2の5第1項の規定の適用を受ける財産（特例贈与財産）を取得した場合				
	相続開始の年の前年中に暦年課税に係る贈与によって取得した特例贈与財産の価額の合計額	①	円	1,000,000 円	1,000,000 円
	①のうち相続人から暦年課税に係る贈与によって取得した特例贈与財産の価額の合計額（贈与税額の計算の基礎となった価額）	②		1,000,000	1,000,000
	その年分の暦年課税分の贈与税額（裏面の「2」参照）	③		0	0
	控除を受ける贈与税額（特例贈与財産分）（③×②÷①）	④		0	0
	被相続人から暦年課税に係る贈与によって租税特別措置法第70条の2の5第1項の規定の適用を受けない財産（一般贈与財産）を取得した場合				
	相続開始の年の前年中に暦年課税に係る贈与によって取得した一般贈与財産の価額の合計額（贈与税の配偶者控除後の金額）	⑤	円	円	円
	⑤のうち相続人から暦年課税に係る贈与によって取得した一般贈与財産の価額の合計額（贈与税額の計算の基礎となった価額）	⑥			
	その年分の暦年課税分の贈与税額（裏面の「3」参照）	⑦			
	控除を受ける贈与税額（一般贈与財産分）（⑦×⑥÷⑤）	⑧			
相続開始の年の前々年分（　　年分）	贈与税の申告書の提出先		○○ 税務署	○○ 税務署	○○ 税務署
	被相続人から暦年課税に係る贈与によって租税特別措置法第70条の2の5第1項の規定の適用を受ける財産（特例贈与財産）を取得した場合				
	相続開始の年の前々年中に暦年課税に係る贈与によって取得した特例贈与財産の価額の合計額	⑨	2,000,000 円	3,000,000 円	3,000,000 円
	⑨のうち相続人から暦年課税に係る贈与によって取得した特例贈与財産の価額の合計額（贈与税額の計算の基礎となった価額）	⑩	2,000,000	3,000,000	3,000,000
	その年分の暦年課税分の贈与税額（裏面の「2」参照）	⑪	90,000	190,000	190,000
	控除を受ける贈与税額（特例贈与財産分）（⑪×⑩÷⑨）	⑫	90,000	90,000	90,000
	被相続人から暦年課税に係る贈与によって租税特別措置法第70条の2の5第1項の規定の適用を受けない財産（一般贈与財産）を取得した場合				
	相続開始の年の前々年中に暦年課税に係る贈与によって取得した一般贈与財産の価額の合計額（贈与税の配偶者控除後の金額）	⑬	円	円	円
	⑬のうち相続人から暦年課税に係る贈与によって取得した一般贈与財産の価額の合計額（贈与税額の計算の基礎となった価額）	⑭			
	その年分の暦年課税分の贈与税額（裏面の「3」参照）	⑮			
	控除を受ける贈与税額（一般贈与財産分）（⑮×⑭÷⑬）	⑯			
相続開始の年の前々年分（　　年分）	贈与税の申告書の提出先		税務署	税務署	税務署
	被相続人から暦年課税に係る贈与によって租税特別措置法第70条の2の5第1項の規定の適用を受ける財産（特例贈与財産）を取得した場合				
	相続開始の年の前々年中に暦年課税に係る贈与によって取得した特例贈与財産の価額の合計額	⑰	円	円	円
	⑰のうち相続開始の日から遡って3年前の日以後に被相続人から暦年課税に係る贈与によって取得した特例贈与財産の価額の合計額（贈与税額の計算の基礎となった価額）	⑱			
	その年分の暦年課税分の贈与税額（裏面の「2」参照）	⑲			
	控除を受ける贈与税額（特例贈与財産分）（⑲×⑱÷⑰）	⑳			
	被相続人から暦年課税に係る贈与によって租税特別措置法第70条の2の5第1項の規定の適用を受けない財産（一般贈与財産）を取得した場合				
	相続開始の年の前々年中に暦年課税に係る贈与によって取得した一般贈与財産の価額の合計額（贈与税の配偶者控除後の金額）	㉑	円	円	円
	㉑のうち相続開始の日から遡って3年前の日以後に被相続人から暦年課税に係る贈与によって取得した一般贈与財産の価額の合計額（贈与税額の計算の基礎となった価額）	㉒			
	その年分の暦年課税分の贈与税額（裏面の「3」参照）	㉓			
	控除を受ける贈与税額（一般贈与財産分）（㉓×㉒÷㉑）	㉔			
	暦年課税分の贈与税額控除額計（④＋⑧＋⑫＋⑯＋⑳＋㉔）	㉕	90,000 円	190,000 円	190,000 円

（注）各人の㉕欄の金額を第1表のその人の「暦年課税分の贈与税額控除額⑫」欄に転記します。

第4表の2（令4.7）

（資4−20−5−3−A4 統一）

【第5表の記入例】

配偶者の税額軽減額の計算書

被相続人 鈴木 太郎

第5表（平成21年1月分以降用）

私は、相続税法第19条の2第1項の規定による配偶者の税額軽減の適用を受けます。

1 一般の場合
（この表は、①被相続人から相続、遺贈や相続時精算課税に係る贈りによって財産を取得した人のうちに農業相続人がいない場合又は②配偶者が農業相続人である場合に記入します。）

課税価格の合計額のうち配偶者の法定相続分相当額	（第1表の⑭の金額）　　［配偶者の法定相続分］　　　　③※ 円
	138,580,000円 × $\frac{1}{2}$ = 69,290,000 円 上記の金額が16,000万円に満たない場合には、16,000万円 ⟩ 160,000,000

配偶者の税額軽減額を計算する場合の課税価格	① 分割財産の価額 （第11表の配偶者の①の金額）	分割財産の価額から控除する債務及び葬式費用の金額		④ 純資産価額に加算される暦年課税分の贈与財産価額（第1表の配偶者の⑤の金額）	⑤ （①－②＋④）の金額（⑤の金額より小さいときは⑤の金額）（1,000円未満切捨て）
		② 債務及び葬式費用の金額（第1表の配偶者の③の金額）	③ 未分割財産の価額（第11表の配偶者の②の金額）		
			②' （②－③）の金額（③の金額が②の金額より大きいときは0）		
円	129,848,599 円	79,737,000 円	79,737,000 円	2,000,000 円	※ 52,111,000 円

⑦ 相続税の総額 （第1表の⑦の金額）	⑧ ⑤の金額と⑥の金額のうちいずれか少ない方の金額	⑨ 課税価格の合計額（第1表の⑭の金額）	配偶者の税額軽減の基となる金額（⑦×⑧÷⑨）
12,851,5 00 円	52,111,000 円	138,580,000 円	4,832,620 円

配偶者の税額軽減の限度額	（第1表の配偶者の⑨又は⑩の金額）（第1表の配偶者の⑫の金額）⑩ (4,883,570 円 － 90,000 円) 4,793,570 円

配偶者の税額軽減額	（⑩の金額と⑪の金額のうちいずれか少ない方の金額） 4,793,570 円

（注）⑪の金額を第1表の配偶者の「配偶者の税額軽減額⑬」欄に転記します。

2 配偶者以外の人が農業相続人である場合
（この表は、被相続人から相続、遺贈や相続時精算課税に係る贈りによって財産を取得した人のうちに農業相続人がいる場合で、かつ、その農業相続人が配偶者以外の場合に記入します。）

課税価格の合計額のうち配偶者の法定相続分相当額	（第3表の⑭の金額）　　［配偶者の法定相続分］　　⑫※ 円
	,000円 × = 円 上記の金額が16,000万円に満たない場合には、16,000万円 ⟩

配偶者の税額軽減額を計算する場合の課税価格	⑬ 分割財産の価額 （第11表の配偶者の①の金額）	分割財産の価額から控除する債務及び葬式費用の金額		⑯ 純資産価額に加算される暦年課税分の贈与財産価額（第1表の配偶者の⑤の金額）	⑯ （⑬－⑭＋⑮）の金額（⑰の金額より小さいときは⑯の金額）（1,000円未満切捨て）
		⑭ 債務及び葬式費用の金額（第1表の配偶者の③の金額）	⑮ 未分割財産の価額（第11表の配偶者の②の金額）		
			⑭' （⑭－⑮）の金額（⑮の金額が⑭の金額より大きいときは0）		
円	円	円	円	※ 円	,000 円

⑰ 相続税の総額 （第3表の⑦の金額）	⑱ ⑯の金額と⑯の金額のうちちいずれか少ない方の金額	⑲ 課税価格の合計額（第3表の⑭の金額）	配偶者の税額軽減の基となる金額（⑰×⑱÷⑲）
00 円	円	,000 円	円

配偶者の税額軽減の限度額	（第1表の配偶者の⑩の金額）（第1表の配偶者の⑫の金額） (円 － 円)

配偶者の税額軽減額	（⑳の金額と㉑の金額のうちいずれか少ない方の金額） 円

（注）㉒の金額を第1表の配偶者の「配偶者の税額軽減額⑬」欄に転記します。

※ 相続税法第19条の2第5項（隠蔽又は仮装があった場合の配偶者の相続税額の軽減の不適用）の規定の適用があるときには、「課税価格の合計額のうち配偶者の法定相続分相当額」（第1表の⑭の金額）、⑥、⑦、⑨、「課税価格の合計額のうち配偶者の法定相続分相当額」（第3表の⑭の金額）、⑯、⑰及び⑲の各欄は、第5表の付表で計算した金額を転記します。

Section 5

第5表（平26.7）

(資4-20-6-1-A4統一)

177

【第7表の記入例】

相次相続控除額の計算書

被相続人	鈴木 太郎

この表は、被相続人が今回の相続の開始前10年以内に開始した前の相続について、相続税を課税されている場合に記入します。

1 相次相続控除額の総額の計算

前の相続に係る被相続人の氏名	前の相続に係る被相続人と今回の相続に係る被相続人との続柄	前 の 相 続 に 係 る 相 続 税 の 申 告 書 の 提 出 先
鈴木大介	父	○○ 税務署

① 前 の 相 続 の 年 月 日	② 今回の相続の年月日	③ 前の相続から今回の相続までの期間(1年未満切捨て)	④ 10 年 － ③ の 年 数
○○ 年10月15日	○○ 年 3 月 31日	8 年	2 年

⑤ 被相続人が前の相続の時に取得した純資産価額(相続時精算課税適用財産の価額を含みます。)	⑥ 前の相続の際の被相続人の相続税額	⑦ (⑤－⑥) の金額	⑧ 今回の相続、遺贈や相続時精算課税に係る贈与によって財産を取得した全ての人の純資産価額の合計額 (第1表の④の合計金額)
20,195,422 円	4,039,084 円	16,156,338 円	128,582,000 円

(⑥の相続税額)
4,039,084 円 × （⑧の金額 128,582,000 円 ／ ⑦の金額 16,156,338 円）※ × ④の年数 2 年／10 年 ＝ Ⓐ 相次相続控除額の総額 807,816 円

※ 求めた割合が100/100を超えるときは100/100とします

2 各相続人の相次相続控除額の計算

(1) 一般の場合（この表は、被相続人から相続、遺贈や相続時精算課税に係る贈与によって財産を取得した人のうちに農業相続人がいない場合に、財産を取得した相続人の全ての人が記入します。）

今回の相続の被相続人から財産を取得した相続人の氏名	⑨ 相 次 相 続 控 除 額 の 総 額	⑩ 各相続人の純資産価額(第1表の各人の④の金額)	⑪ 相続人以外の人も含めた純資産価額の合計額(第1表の④の各人の合計)	⑫ 各人の⑩の割合	⑬ 各人の相次相続控除額(⑨×各人の⑫の割合)
鈴 木 花 子	(上記Ⓐの金額)	50,111,599 円		0.38	306,970 円
鈴 木 一 郎		36,334,628	⑧	0.28	226,188
鈴 木 次 郎	807,816 円	42,135,773	128,582,000 円	0.32	258,501

(2) 相続人のうちに農業相続人がいる場合（この表は、被相続人から相続、遺贈や相続時精算課税に係る贈与によって財産を取得した人のうちに農業相続人がいる場合に、財産を取得した相続人の全ての人が記入します。）

今回の相続の被相続人から財産を取得した相続人の氏名	⑭ 相 次 相 続 控 除 額 の 総 額	⑮ 各相続人の純資産価額(第3表の各人の①の金額)	⑯ 相続人以外の人も含めた純資産価額の合計額(第3表の④の各人の合計)	⑰ 各人の⑮の割合	⑱ 各人の相次相続控除額(⑭×各人の⑰の割合)
	(上記Ⓐの金額)	円			円
			Ⓒ		
	円		円		

(注) 1 ⑥欄の相続税額は、相続時精算課税分の贈与税額控除後の金額をいい、その被相続人が納税猶予の適用を受けていた場合の免除された相続税額並びに延滞税、利子税及び加算税の額は含まれません。
2 各人の⑬又は⑱欄の金額を第1表のその人の「相次相続控除額⑯」欄に転記します。

第7表(平26.7) (資4－20－8－A4統一)

178

【第9表の記入例】

生命保険金などの明細書

	被相続人	鈴 木 太 郎

1 相続や遺贈によって取得したものとみなされる保険金など

この表は、相続人やその他の人が被相続人から相続や遺贈によって取得したものとみなされる生命保険金、損害保険契約の死亡保険金及び特定の生命共済金などを受け取った場合に、その受取金額などを記入します。

保険会社等の所在地	保険会社等の名称	受取年月日	受取金額	受取人の氏名
○○区××町△－△	○×生命保険（相）	○○・5・15	46,217,010 円	鈴木花子
○○区××町△－△	○×生命保険（相）	○○・5・15	10,000,000	鈴木花子
○○区□□町×－×	×○生命保険（相）	○○・6・10	2,441,000	鈴木一郎
△△区××町○－○	○△生命保険（相）	○○・7・10	29,379,510	鈴木次郎
		・・		

（注）1 相続人（相続の放棄をした人を除きます。以下同じです。）が受け取った保険金などのうち一定の金額は非課税となりますので、その人は、次の2の該当欄に非課税となる金額と課税される金額とを記入します。
2 相続人以外の人が受け取った保険金などについては、非課税となる金額はありませんので、その人は、その受け取った金額そのものを第11表の「財産の明細」の「価額」の欄に転記します。
3 相続時精算課税適用財産は含まれません。

2 課税される金額の計算

この表は、被相続人の死亡によって相続人が生命保険金などを受け取った場合に、記入します。

保険金の非課税限度額	（500万円× 〔第2表の Ⓐ の法定相続人の数〕 3 人 により計算した金額を右のⒶに記入します。）	Ⓐ 15,000,000 円

保険金などを受け取った相続人の氏名	① 受け取った保険金などの金額	② 非課税金額 Ⓐ× 各人の①／Ⓑ	③ 課税金額 （①－②）
鈴木花子	56,217,010 円	9,578,361 円	46,638,649 円
鈴木一郎	2,441,000	415,902	2,025,098
鈴木次郎	29,379,510	5,005,737	24,373,773
合計	Ⓑ 88,037,520	15,000,000	73,037,520

（注）1 Ⓑの金額がⒶの金額より少ないときは、各相続人の①欄の金額がそのまま②欄の非課税金額となりますので、③欄の課税金額は0となります。
2 ③欄の金額を第11表の「財産の明細」の「価額」欄に転記します。

　　　　　　　　　　　　　（資4－20－10－A4統一）

Section 5

相 続 税 が か か る 財 産 の 明 細 書
（ 相 続 時 精 算 課 税 適 用 財 産 を 除 き ま す 。）

被相続人	鈴 木 太 郎

○相続時精算課税適用財産の明細については、この表によらず第11の2表に記載します。

この表は、相続や遺贈によって取得した財産及び相続や遺贈によって取得したものとみなされる財産のうち、相続税のかかるものについての明細を記入します。

遺産の分割状況	区　　　分	① 全 部 分 割	2 一 部 分 割	3 全 部 未 分 割
	分 割 の 日	○○・10・31	・　・	・　・

財　産　の　明　細							分割が確定した財産	
種類	細目	利用区分、銘柄等	所在場所等	数量 固定資産税評価額	単価 倍数	価額	取得した人の氏名	取得財産の価額
土地	宅地		○○区△△町	170.00 円	円	円 16,600,000	鈴 木 花 子	円 8,300,000
							鈴 木 一 郎	8,300,000
〃	〃		××区○○町			61,442,000	鈴 木 花 子	30,721,000
							鈴 木 一 郎	30,721,000
		（小計）				78,042,000		
《 計 》						78,042,000		
家屋,構築物	家屋	自用家屋	○○区△△町 ×-×-×	13,597,000	1	13,597,000	鈴 木 花 子	13,597,000
〃	〃	自用家屋	○○区△△町 ×-×-×	13,597,050	1	13,597,050	鈴 木 一 郎	13,597,050
《 計 》						27,194,050		
有価証券	その他の株式					12,019,000	鈴 木 花 子	12,019,000
		（小計）				12,019,000		
〃	公債、社債					4,351,000	鈴 木 花 子	4,351,000
		（小計）				4,351,000		
〃	証券投資信託					7,762,000	鈴 木 次 郎	7,762,000
		（小計）				7,762,000		

合計表	財産を取得した人の氏名	（各人の合計）	鈴 木 花 子	鈴 木 一 郎	鈴 木 次 郎			
	分割財産の価額 ①	円 226,627,520	円 129,848,599	円 54,643,148	円 42,135,773	円	円	円
	未分割財産の価額 ②							
	各人の取得財産の価額（①＋②）③	226,627,520	129,848,599	54,643,148	42,135,773			

(注) 1 「合計表」の各人の③欄の金額を第1表のその人の「取得財産の価額①」欄に転記します。
　　 2 「財産の明細」の「価額」欄は、財産の細目、種類ごとに小計及び計を付し、最後に合計を付して、それらの金額を第15表の①から㉞までの該当欄に転記します。

【第11表の記入例（つづき）】

相続税がかかる財産の明細書

（相続時精算課税適用財産を除きます。）

被相続人　　　　　　　　　　

○相続時精算課税適用財産の明細については、この表によらず第11の2表に記載します。

この表は、相続や遺贈によって取得した財産及び相続や遺贈によって取得したものとみなされる財産のうち、相続税のかかるものについての明細を記入します。

遺産の分割状況	区　　分	1　全部分割	2　一部分割	3　全部未分割
	分割の日	・　・	・　・	・　・

財　産　の　明　細							分割が確定した財産	
種類	細目	利用区分、銘柄等	所在場所等	数量 固定資産税評価額	単価 倍数	価額	取得した人の氏名	取得財産の価額
				円	円	円		円
《計》						24,132,000		
現金預貯金等	預貯金					12,421,950	鈴木花子	12,421,950
〃	〃					10,000,000	鈴木次郎	10,000,000
《計》						22,421,950		
家庭用財産	家具一式		○○区△△町×－×			1,800,000	鈴木花子	1,800,000

合計表	財産を取得した人の氏名	（各人の合計）				
	分割財産の価額 ①	円	円	円	円	円	円
	未分割財産の価額 ②						
	各人の取得財産の価額（①＋②）③						

（注）　1　「合計表」の各人の③欄の金額を第1表のその人の「取得財産の価額①」欄に転記します。
　　　　2　「財産の明細」の「価額」欄は、財産の細目、種類ごとに小計及び計を付し、最後に合計を付して、それらの金額を第15表の①から㉚までの該当欄に転記します。

第11表（令4.7）　　　　　　　　　　　　　　　　　　　　　　　　（資4－20－12－1－A4統一）

Section 5

【第11表の付表の記入例①】

小規模宅地等についての課税価格の計算明細書

FD3549

被相続人　鈴木太郎

182

【第11表の付表の記入例②】

小規模宅地等の特例、特定計画山林の特例又は個人の事業用資産の納税猶予の適用にあたっての同意及び特定計画山林についての課税価格の計算明細書

被相続人	鈴 木 太 郎

1 特例の適用にあたっての同意

　この表は、被相続人から相続、遺贈又は相続時精算課税に係る贈与により取得した財産のうちに、①「小規模宅地等の特例」の対象となり得る宅地等及び「個人の事業用資産の納税猶予」の対象となり得る宅地等その他一定の財産がある場合、又は②「特定計画山林の特例」の対象となり得る山林がある場合に記入します。
　なお、「特定事業用資産の特例」の対象となり得る財産がある場合（「個人の事業用資産の納税猶予」の対象となり得る宅地等その他一定の財産がある場合を除きます。）には、第11・11の2表の付表2の2を作成します（この場合には、この表の記入を要しません。）。

(1) 特例の適用にあたっての同意

　(注)「小規模宅地等の特例」若しくは「特定計画山林の特例」の対象となり得る財産又は「個人の事業用資産の納税猶予」の対象となり得る宅地等その他一定の財産を取得した全ての人の同意が必要です。

私（私たち）は下記の「(2) 特例の適用を受ける財産の明細」の①から③までの明細において選択した財産の全てが、租税特別措置法第 69 条の 4 第 1 項に規定する小規模宅地等、同法第 69 条の 5 第 1 項に規定する選択特定計画山林又は同法第 70 条の 6 の 10 第 1 項に規定する特例事業用資産のうち同条第 2 項第 1 号イに掲げるものに該当することを確認の上、その財産の取得者が租税特別措置法第 69 条の 4 第 1 項、第 69 条の 5 第 1 項又は第 70 条の 6 の 10 第 1 項に規定する特例の適用を受けることに同意します。	特例の対象となり得る財産を取得した全ての人の氏名
	鈴 木 花 子　　　　鈴 木 一 郎

(2) 特例の適用を受ける財産の明細

　(注) 特例の適用を受ける財産の明細の番号を○で囲んでください。

① 小規模宅地等の明細
　第11・11の2表の付表1の「2 小規模宅地等の明細」のとおり。
② 特定（受贈）森林経営計画対象山林である選択特定計画山林の明細
　第11・11の2表の付表4の「1 特定森林経営計画対象山林である選択特定計画山林の明細」又は「2 特定受贈森林経営計画対象山林である選択特定計画山林の明細」のとおり。
③ 特例事業用資産のうち租税特別措置法第70条の6の10第2項第1号イに掲げるものの明細
　第8の6表の付表3の「2 この特例の適用を受ける宅地等に係る限度面積の判定」の(2)及び(3)のとおり。

2 特定計画山林の特例の対象となる特定計画山林等の調整限度額の計算

　この表は、「特定計画山林の特例」を適用し、かつ、「小規模宅地等の特例」又は「個人の事業用資産の納税猶予」を適用する場合に記入します。
　なお、「特定事業用資産の特例」の適用を受ける場合の「特定計画山林の対象となる特定（受贈）森林経営計画対象山林の調整限度額等の計算」については、第11・11の2表の付表2の2で計算します。

(1) 小規模宅地等の特例及び個人の事業用資産の納税猶予の適用を受ける面積

① 限度面積	② 小規模宅地等の特例等の適用を受ける面積（裏面2参照）	③ 特例適用可能面積（①－②）
200㎡	103　㎡	97　㎡

(2) 特定計画山林の特例の対象となる特定（受贈）森林経営計画対象山林の調整限度額等の計算

④ 特定計画山林の特例の対象として選択することのできる特定（受贈）森林経営計画対象山林である立木又は土地等の価額の合計額	⑤ 特例の対象となる特定（受贈）森林経営計画対象山林の調整限度額（④×③/①）	⑤のうち特例の適用を受ける価額（第11・11の2表の付表4の「3 特定森林経営計画対象山林である選択特定計画山林の価額の合計額」の「A＋B」欄の金額）	⑥
円	円	円	

(注) ③欄が0となる場合には、特定（受贈）森林経営計画対象山林について特定計画山林の特例の適用を受けることはできません。

Section 5

【第13表の記入例】

債務及び葬式費用の明細書

被相続人	鈴木 太郎

第13表（令和2年4月分以降用）

1 債務の明細

（この表は、被相続人の債務について、その明細と負担する人の氏名及び金額を記入します。なお、特別寄与者に対し相続人が支払う特別寄与料についても、これに準じて記入します。）

種類	細目	債権者 氏名又は名称	住所又は所在地	発生年月日 弁済期限	金額	負担する人の氏名	負担する金額
銀行借入金		○○銀行××支店	○○区××町△−△	・8・5 ・・	円 78,642,200	鈴木花子	円 78,642,200
銀行借入金		○△銀行×△支店	○○区△△町×−×	・10・15 ・・	14,507,620	鈴木一郎	14,507,620
公租公課		○○年度分 固定資産税	××区役所	○○・1・1 ・・	184,900	鈴木花子	184,900
公租公課		○○年度分 固定資産税	○×区役所	○○・1・1 ・・	4,800	鈴木花子	4,800
公租公課		○○年分所得税 （準確定申告）	○○税務署	○○・7・31 ・・	421,900	鈴木花子	421,900
公租公課		○○年度 住民税	○×区役所	××・1・1 ・・	483,200	鈴木花子	483,200
合計					94,244,620		

2 葬式費用の明細

（この表は、被相続人の葬式に要した費用について、その明細と負担する人の氏名及び金額を記入します。）

支払先 氏名又は名称	住所又は所在地	支払年月日	金額	負担する人の氏名	負担する金額
○○葬儀社	○○区○△町×−×	・・	円 2,100,000	鈴木一郎	円 2,100,000
○○寺	○○区○△町×−○	・・	1,500,000	鈴木一郎	1,500,000
○×商店	○○区○×町×−×	・・	140,000	鈴木一郎	140,000
その他		・・	60,900	鈴木一郎	60,900
合計			3,800,900		

3 債務及び葬式費用の合計額

債務などを承継した人の氏名			（各人の合計）	鈴木花子	鈴木一郎		
債	負担することが確定した債務	①	94,244,620 円	79,737,000	14,507,620 円	円	円
	負担することが確定していない債務	②					
務	計（①+②）	③	94,244,620	79,737,000	14,507,620		
葬	負担することが確定した葬式費用	④	3,800,900		3,800,900		
式 費	負担することが確定していない葬式費用	⑤					
用	計（④+⑤）	⑥	3,800,900		3,800,900		
合計（③+⑥）		⑦	98,045,520	79,737,000	18,308,520		

(注) 1 各人の⑦欄の金額を第1表のその人の「債務及び葬式費用の金額③」欄に転記します。
2 ③、⑥及び⑦欄の金額を第15表の㉝、㉞及び㉟欄にそれぞれ転記します。

第13表（令4.7）

（資4−20−14−A4統一）

184

【第14表の記入例】

純資産価額に加算される歴年課税分の
贈与財産価額及び特定贈与財産価額
出資持分の定めのない法人などに遺贈した財産・
特定の公益法人などに寄附した相続財産・
特定公益信託のために支出した相続財産 **の明細書**

被相続人	鈴木　太郎

1 純資産価額に加算される歴年課税分の贈与財産価額及び特定贈与財産価額の明細

この表は、相続、遺贈や相続時精算課税に係る贈与によって財産を取得した人 (注) が、その相続開始前3年以内に被相続人から歴年課税に係る贈与によって取得した財産がある場合に記入します。

(注) 被相続人から租税特別措置法第70条の2の2（直系尊属から教育資金の一括贈与を受けた場合の贈与税の非課税）第12項第2号に規定する管理残額及び同法第70条の2の3（直系尊属から結婚・子育て資金の一括贈与を受けた場合の贈与税の非課税）第12項第2号に規定する管理残額以外の財産を取得しなかった人（その人が被相続人から相続時精算課税に係る贈与によって財産を取得している場合を除きます。）は除きます。

番号	贈与を受けた人の氏名	贈与年月日	相続開始前3年以内に暦年課税に係る贈与を受けた財産の明細					②①の価額のうち特定贈与財産の価額	③相続税の課税価格に加算される価額（①－②）
---	---	---	種類	細目	所在場所等	数量	①価額		
1	鈴木花子	○○・5・1	土地等	宅地	○○区△△町×－×	50.000	20,000,000 円	20,000,000 円	0 円
2	鈴木花子	○○・5・1	現金預貯金等	現金	○○区△△町×－×		2,000,000		2,000,000
3	鈴木一郎	○○・5・1	現金預貯金等	現金	○○区△△町×－×		3,000,000		3,000,000
4	鈴木一郎	××・5・1	現金預貯金等	現金	○○区△△町×－×		1,000,000		1,000,000

贈与を受けた人ごとの③欄の合計額	氏　名（各人の合計）	鈴木花子	鈴木一郎	鈴木次郎	
	④金額	10,000,000 円	2,000,000 円	4,000,000 円	4,000,000 円

上記「②」欄において、相続開始の年に被相続人から贈与によって取得した居住用不動産や金銭の全部又は一部を特定贈与財産としている場合には、次の事項について、「(受贈配偶者)」及び「(受贈財産の番号)」の欄に所定の記入をすることにより確認します。

（受贈配偶者）　　　　　　　　　　　　　　　　（受贈財産の番号）

私 [　] は、相続開始の年に被相続人から贈与によって取得した上記 [　] の特定贈与財産の価額については贈与税の課税価格に算入します。

なお、私は、相続開始の年の前年以前に被相続人からの贈与について相続税法第21条の6第1項の規定の適用を受けていません。

(注) ④欄の金額を第1表のその人の「純資産価額に加算される暦年課税分の贈与財産価額⑤」欄及び第15表の㉗欄にそれぞれ転記します。

2 出資持分の定めのない法人などに遺贈した財産の明細

この表は、被相続人が人格のない社団又は財団や学校法人、社会福祉法人、宗教法人などの出資持分の定めのない法人に遺贈した財産のうち、相続税がかからないものの明細を記入します。

遺贈した財産の明細					出資持分の定めのない法人などの所在地、名称
種類	細目	所在場所等	数量	価額	
				円	
合　計					

3 特定の公益法人などに寄附した相続財産又は特定公益信託のために支出した相続財産の明細

私は、下記に掲げる相続財産を、相続税の申告期限までに、

(1) 国、地方公共団体又は租税特別措置法施行令第40条の3に規定する法人に対して寄附しましたので、租税特別措置法第70条第1項の規定の適用を受けます。

(2) 租税特別措置法施行令第40条の4第3項の要件に該当する特定公益信託の信託財産とするために支出しましたので、租税特別措置法第70条第3項の規定の適用を受けます。

(3) 特定非営利活動促進法第2条第3項に規定する認定特定非営利活動法人に対して寄附しましたので、租税特別措置法第70条第10項の規定の適用を受けます。

寄附（支出）年月日	寄附（支出）した財産の明細					公益法人等の所在地・名称（公益信託の受託者及び名称）	寄附（支出）をした相続人等の氏名
	種類	細目	所在場所等	数量	価額		
○○・4・15	現金預貯金等	現金	○○市××町△－△		3,000,000 円	県立○○高等学校	鈴木花子
・　・							
	合　計				3,000,000		

(注) この特例の適用を受ける場合には、期限内申告書に一定の受領書、証明書類等の添付が必要です。

【第15表の記入例①】

相続財産の種類別価額表 （この表は、第11表から第14表までの記載に基づいて記入します。）

（単位は円）

被相続人　鈴木太郎　　　　　FD3539

○この申告書は機械で読み取りますので、黒ボールペンで記入してください。

種類	細目	番号	各人の合計	鈴木花子
	※ 整理番号		被相続人	
土地（土地の上に存する権利を含みます。）	田	①		
	畑	②		
	宅地	③	78042000	39021000
	山林	④		
	その他の土地	⑤		
	計	⑥	78042000	39021000
	③のうち配偶者居住権に基づく敷地利用権の価額	⑦		
	⑥のうち特例農地等 通常価額	⑧		
	農業投資価格による価額	⑨		
家屋等	家屋等	⑩	27194050	13597000
	⑩のうち配偶者居住権	⑪		
事業（農業）用財産	機械、器具、農耕具、その他の減価償却資産	⑫		
	商品、製品、半製品、原材料、農産物等	⑬		
	売掛金	⑭		
	その他の財産	⑮		
	計	⑯		
有価証券	特定同族会社の株式及び出資 配当還元方式によったもの	⑰		
	その他の方式によったもの	⑱		
	⑰及び⑱以外の株式及び出資	⑲	12019000	12019000
	公債及び社債	⑳	4351000	4351000
	証券投資信託、貸付信託の受益証券	㉑	7762000	
	計	㉒	24132000	16370000
現金、預貯金等	現金、預貯金等	㉓	22421950	12421950
家庭用財産	家庭用財産	㉔	1800000	1800000
その他の財産	生命保険金等	㉕	73037520	46638649
	退職手当金等	㉖		
	立木	㉗		
	その他	㉘		
	計	㉙	73037520	46638649
合計 ((⑥+⑩+⑯+㉒+㉓+㉔+㉙)		㉚	226627520	129848599
相続時精算課税適用財産の価額		㉛		
不動産等の価額 (⑥+⑩+⑫+⑰+⑱+㉗)		㉜	105236050	52618000
債務等	債務	㉝	94244620	79737000
	葬式費用	㉞	3800900	
	合計 (㉝+㉞)	㉟	98045520	79737000
差引純資産価額 (㉚+㉛-㉟)（赤字のときは0）		㊱	128582000	50111599
純資産価額に加算される暦年課税分の贈与財産価額		㊲	10000000	2000000
課税価格 (㊱+㊲)（1,000円未満切捨て）		㊳	138580000	52111000

※の項目は記入する必要がありません。

※税務署整理欄	申告区分	年分	名簿番号	申告年月日	グループ番号

第15表（令4.7）　　　　　　　　　　（資4-20-16-1-A4統一）

【第15表の記入例②】

相続財産の種類別価額表（続）　(この表は、第11表から第14表までの記載に基づいて記入します。)

FD3540

（単位は円）

被相続人　鈴木太郎

種類	細目	番号	（氏名）鈴木一郎	（氏名）鈴木次郎
※	整理番号			
土地（土地の上に存する権利を含みます）	田	①		
	畑	②		
	宅地	③	39,021,000	
	山林	④		
	その他の土地	⑤		
	計	⑥	39,021,000	
	③のうち配偶者居住権に基づく敷地利用権	⑦		
	⑥のうち特例農地等 通常価額	⑧		
	農業投資価格による価額	⑨		
家屋等		⑩	13,597,050	
	⑩のうち配偶者居住権	⑪		
事業（農業）用財産	機械、器具、農耕具、その他の減価償却資産	⑫		
	商品、製品、半製品、原材料、農産物等	⑬		
	売掛金	⑭		
	その他の財産	⑮		
	計	⑯		
有価証券	特定同族会社の株式及び出資 配当還元方式によったもの	⑰		
	その他の方式によったもの	⑱		
	⑰及び⑱以外の株式及び出資	⑲		
	公債及び社債	⑳		
	証券投資信託、貸付信託の受益証券	㉑		7,762,000
	計	㉒		7,762,000
現金、預貯金等		㉓		10,000,000
家庭用財産		㉔		
その他の財産	生命保険金等	㉕	2,025,098	24,373,773
	退職手当金等	㉖		
	立木	㉗		
	その他	㉘		
	計	㉙	2,025,098	24,373,773
	合計 (⑥+⑩+⑯+㉒+㉓+㉔+㉙)	㉚	54,643,148	42,135,773
	相続時精算課税適用財産の価額	㉛		
	不動産等の価額 (⑥+⑩+⑫+⑰+⑱+㉗)	㉜	52,618,050	
債務等	債務	㉝	14,507,620	
	葬式費用	㉞	3,800,900	
	合計 (㉝+㉞)	㉟	18,308,520	
	差引純資産価額 (㉚+㉛－㉟)（赤字のときは0）	㊱	36,334,628	42,135,773
	純資産価額に加算される暦年課税分の贈与財産価額	㊲	4,000,000	4,000,000
	課税価格 (㊱+㊲)（1,000円未満切捨て）	㊳	40,334,000	46,135,000

○この申告書は機械で読み取りますので、黒ボールペンで記入してください。

※の項目は記入する必要がありません。

※税務署整理欄	申告区分	年分	名簿番号	申告年月日	グループ番号

第15表（続）（令和2年4月分以降用）

Section 5

187

⑥ 相続税の納付のやり方

Key Concept

相続税の申告書の提出には期限があります。税金も申告書の提出と同時に納付することになります。

　相続税の納付期限は、申告書の提出期限と同じく、相続開始の日（＝被相続人の死亡日）の翌日から10ヵ月目の日になります。たとえば、令和元年5月15日が相続開始とすると、令和2年3月15日までに申告書を提出しなければなりません。申告書の提出期限の日が土曜日、日曜日、祝日などの休日に当たる場合は、次の最初の平日が提出期限になります。

　相続税の申告先は被相続人の死亡した時点での住んでいた地域の所轄税務署になります。相続人の住所地の税務署ではありません。

　相続税を納付するのは相続税の申告をした人で、申告書に書かれた税額を納めることになります。もし、納付しなければならない期限を過ぎてしまったときは、2ヵ月以内は年7.3％と前年の11月30日の公定歩合＋4％のいずれか低い割合、2ヵ月を超えたときは年14.6％の割合で計算した延滞税が加算されます。さらに、申告しなかったりした場合などは税金が割増になります（右の表参照）。

【納付書・領収証書の記入例】

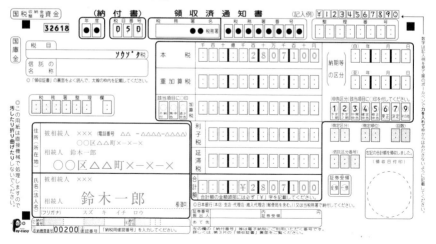

また、相続税には「連帯納付の義務」というのがあります。財産を相続や遺贈によりもらった人のいずれかが相続税の申告期限から5年以内に納税しないときは、ほかの相続人が全員で連帯して納付しなければなりません。そのため、各相続人が相続税を納付したことをお互いに確認し合ったほうがよいでしょう。

　現金で一度に納めることが難しいようであれば「延納（⇒ p190）」や「物納（⇒ p192）」といった方法も選択できます。

　申告後に、あらたに相続財産が見つかるといったケースもおこり得ます。このようなときは、「修正申告」を行います。その逆のケースで、納付した税額が過大なときは、「更正の請求」をして、払いすぎた分の税額を返還してもらうことができます（⇒ p34）。

【遅れたときや不正があったときの延滞税と加算税】

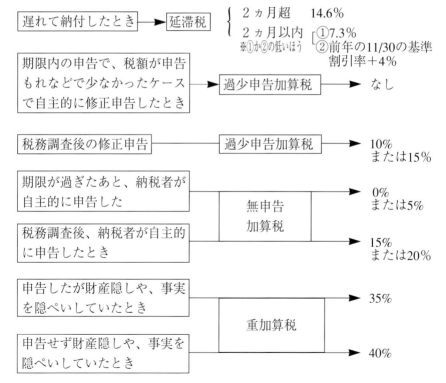

⑦ 延納のやり方

Key Concept

> ## 納めなければならない相続税が巨額で、手元の現金で一度に支払えないときは延納することもできます。

　相続財産の中に占める現金や預貯金の割合が多ければ相続税の納付に支障はないでしょう。しかし、現金や預貯金はわずかで、不動産がかなりのウエイトを占めるときは、一度に相続税を納付するのは容易ではありません。そこで「延納」という制度が設けられたのです。

　相続税は現金で一括納付するのが原則ですから、延納は、下の表のような条件が必要になります。

　延納金額が50万円未満で、期間が3年以下のときは担保は必要ありません。担保として認められる財産の種類は限られています（下の表参照）。担保はかならずしも相続した財産ではなく、相続人が以前から所有していた財産でも認められます。

●延納が認められる条件
　・納めなければならない相続税が10万円を超える
　・納税期限まで金銭で納付することが困難である
　・延納税額に相当する担保を提出している
　・申告期限までに、延納申請書を提出する

●延納の担保として認められる財産
　・国債、地方債
　・社債、その他株式などの有価証券（税務署が認めたもの）
　・土地
　・建物、立木、自動車、飛行機など
　・鉄道財団、工場財団など
　・保証人の保証（税務署が認めたもの）

延納できる期間は、原則として5年以内です。ただし、不動産などの価額が相続財産の75％以上を占めるときは<u>最長20年</u>の延納が認められます（事業用の減価償却資産、立木、特定同族会社の株式も不動産と同様の取り扱いが認められます）。

　相続税の延納は、税額を分割して毎年均等額を納付します。その際、期間に応じて、いわばペナルティーともいうべき利息を支払わなければなりません。これを<u>利子税</u>といいます。利子税の年割合は、3.0〜6.0％の間になります。利子税は基準割引率と連動した特例計算を適用できるので、実際の算出に当たっては、税務署と相談してください。

　財産を処分して、相続税の残額を一括払いして、延納を途中でやめることもできます。

ワンポイントアドバイス　●延納期間と利子税

・不動産等の価額が相続財産の50％未満のとき

立木の価額が30％超の場合の
立木の価額に対応する税額 ………… 5年以内　年4.8％

土地など、その他の財産 ……………… 5年以内　年6.0％

・不動産等の価額が相続財産の50％以上のとき

不動産等の価額に対応する税額 ……… 15年以内　年3.6％

その他の財産 ……………………… 10年以内　年5.4％

・不動産等の価額が相続財産の75％以上のとき

不動産等の価額に対応する税額 ……… 20年以内　年3.6％

その他の財産 ……………………… 10年以内　年5.4％

基準利率と連動した特例計算が上記の利率より低い場合は、特例計算による利率を使います。

（※計画伐採立木についてはさらに有利な規定になっています）

物納のやり方

Key Concept

相続税を現金で支払えないときに、代わりに国債や社債、不動産といった財産で納付することを物納といいます。

相続税は、現金で納付期限までに全額納めることが原則になっています。納付期限まで全額で納めることができなければ延納（➡ p190）という方法があることは述べましたが、ほかに物納という方法も選択できます。

すべてについて物納が認められるというものではなく、次のような条件を満たさなければなりません。

・延納によっても現金での納付が困難であること
・物納財産が相続、あるいは遺贈で取得したものであること
・申請により税務署長の許可を受けること
・申告期限までに申請書を提出すること

したがって、以前から自分が所有していた財産での物納は認められません。また、物納できる財産は、国債や不動産など管理と処分がしやすいものに限られます。物納にあてることができるものにも優先順位があります。

> ●物納できる相続財産
> ① 国債、地方債、不動産、船舶、上場株式等
> ② 非上場株式等
> ③ 動産
>
> 優先順位 →

物納で納付された財産は、換金されやすいという条件がつきますから、次のようなものは認められません。

・抵当権、質権その他の担保権の目的となっている財産
・他人との共有の財産（共有者全員がすべての持物を物納する場合は認められる）
・所有権について係争中の財産
・差押えになっているなど、譲渡に関して法令の定めがある財産
・不動産で次のようなもの
　　（売却できる見込みのない不動産／ほかの財産と一体として初めて効用を

有する不動産／買戻し特約等のある不動産／現状を維持するのに築造、修理が必要な土地／今後数年の使用に耐えられないと認められた建物）

物納の申請は、物納申請書のほかに、物納財産目録、不動産の登記簿謄本、公図、所在地、地積測量図などの書類も添付しなければなりません。必要書類は、ケースバイケースですので、税務署で確認してください。

物納を申請してから実際に許可がおりるまで、必要書類の補正や追加資料を請求されることもあり、場合によっては、許可がおりないこともあります。また、その間に、取り下げることもできるのです。さらに物納の許可がおりたあとであっても物納を撤回して、現金で納付することもできます。

ただし、それにも次の一定の条件がついています。①物納許可後1年以内であること、②その不動産などが処分される前であること、③貸借権等が目的となっている不動産であること（更地については撤回できない）。

【物納はこの手続きで進められる】

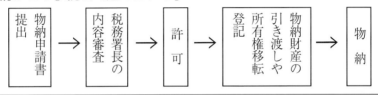

物納申請書 提出 → 税務署長の 内容審査 → 許可 → 物納財産の 引き渡しや 所有権移転 登記 → 物納

Section 5

ワンポイント アドバイス ●物納劣後財産かよく検討する

物納劣後財産に該当する場合は、他に物納に充てるべき適当な財産がない場合に限って物納に充てることができます。物納劣後財産の主なものは下記の通りです。

①地上権等を目的とする賃借権等が設定されている土地

②居住の用または事業の用に供されている土地及び建物（ただし、土地及び建物の双方を物納申請する場合を除く）

③建築基準法第43条第1項に規定する道路に2メートル以上接していない土地

④事業の休止をしている株式

遺産分割協議が成立しなかったとき

Key Concept

遺産分割協議が不調に終わった場合、家庭裁判所に調停を依頼することになります。それでもダメなときは審判で解決します。

残された財産は、相続人同士で話し合ってどう分けるかを決めます。これが遺産分割協議（➡ p170）です。

しかし、話し合いでまとまらないケースも多く、遺産分割協議書が作成できないこともしばしばおこります。

このような事態になったら、家庭裁判所に解決を依頼することになります。遺産分割協議がまとまらない場合、家庭裁判所での調停、審判になるのです。その際、相続人がほかの相続人を相手とした「遺産分割調停申立書」を家庭裁判所に提出します。申立書を受理した家庭裁判所は、調停の日を決め、申立人と残りの相続人に呼出状を郵送します。

調停は、調停委員が2名立ち会います。調停委員が申立人とほかの相続人とを交互に調停室に呼び入れます。そこで、それぞれの主張と希望する解決策を各相続人が調停委員に伝えます。調停委員は、それぞれ聞き取った希望する解決策を相手に伝え、それを何度もくり返して、お互いに折り合える解決案を模索していきます。

1回の調停で話し合いがつくことはなく、1ヵ月1回の調停が数ヵ月から長くて1年くらいは続きます。

調停によって話し合いが決まれば「調停調書」が作成されます。この調停調書には判決と同じ効力があるため、この調停調書があれば、強制執行や登記の申請も行うことができます。

調停で解決できなかったら「審判」の手続きをとります。これは審判官がそれぞれの相続人から事情を聞いた上で、遺産分割の内容を決定します。審判の決定は、判決と同じ効力を持つため、これをもとに強制執行や登記の申請も行えます。

審判は、各相続人の相続分を侵害しない範囲で、妥当と思われる分割内容が決定されます。

●調停、審判までの流れ

相続の開始（被相続人の死亡）

↓

遺産分割協議を行う

↓

遺産分割協議の話し合いが不調に終わった

↓

弁護士へ相談

↓

「遺産分割調停申立書」の提出

↓

家庭裁判所で調停を行う

↓

調停成立
「調停調書」の作成

調停が不調に終わる

↓

審判の手続き

審判官が決定する

遺産分割

※調停を経ずに、直接審判の申し立てをすることも法律上は可能となっています。しかし、現実には、調停から審判に進むというケースがほとんどです。

⑩ 名義変更のやり方

Key Concept

遺産が自分のものになったあとは、不動産、預貯金、株式などの名義を自分のものに変更しないと処分できません。

　遺産分割協議がすみ、協議書ができればその内容にしたがって、それぞれの相続財産は、それぞれの相続人の所有となります。それでは、遺産を受けついだ相続人が、その相続財産をそのまま処分できるかというと、実はそうはいかないのです。

　預貯金をおろしたり、不動産や株式を売却するには、被相続人名義を相続人の名義に書き換えなければならないのです。相続財産の名義変更は、いつまでにしなければならないという規則はありませんが、以下のものは早めにすませておくにこしたことはありません。

① 不動産の相続登記

　不動産の名義変更は、かなり面倒なので、時間がとれない人は司法書士に依頼する方がいいでしょう。また、不動産の相続登記には、登録免許税がかかります。登記する不動産の固定資産税評価額に、1000分の4をかけて算出された金額が税額になります。

② 預貯金の名義変更

　銀行は、預金者が亡くなったことを知ると、その預金を凍結してしまいます。葬式費用が不足して、被相続者の預金を引き出そうとしても、銀行が認めなかった……こんなケースはよくあります。

　必要書類（右表参照）を揃えて金融機関へ行けば、簡単に預金の名義変更はできます。

③ 株式の名義変更

　名義書換代理人として指定されている信託銀行に、株主名簿に記されている被相続人の名義を相続人の名義に変更してもらいます。その手続きは、取り引きのある証券会社が代行してくれます。

ほかに、自動車も名義変更が必要ですが、場所と必要書類は下表で確認してみてください。

【相続財産の名義変更の手続き先と必要書類】

相続財産	手続きの場所	必要となる主な書類
不動産	不動産の所在地の法務局（登記所）	・登記申請書 ・被相続人の除籍謄本（または戸籍謄本）および戸籍の附票 ・相続人の印鑑証明書 ・相続人の住民票の写し、遺産分割協議書、相続人の戸籍謄本 ・登記する不動産の固定資産税評価証明書 ・登記する不動産の登記簿謄本または権利証
預貯金	預け入れ金融機関	被相続人の除籍謄本（または戸籍謄本）、相続人の戸籍謄本、通帳、遺産分割協議書、相続人全員の印鑑証明書
株式	・証券会社 ・株式を発行している法人等	株式、株式名義書換請求書、被相続人の除籍謄本（または戸籍謄本）、相続人の戸籍謄本
電話	電話局	電話加入承継届、被相続人の除籍謄本（または戸籍謄本）、相続人の戸籍謄本、相続人の印鑑証明書
自動車	陸運局事務所	自動車検査証、移転登録申請書、被相続人の除籍謄本（または戸籍謄本）、相続人の戸籍謄本、相続人の印鑑証明書

【ケース1　更地と貸家建付地での物納における評価の違い】

　柴田政昭（仮名）さんは、相続税を納める際、所有するアパートを物納しようとしました。現金で納税する場合は、評価額をできるだけ低くおさえたほうが納税者にとって有利になりますが、これが物納の場合になると反対になります。相続財産はできるだけ高く評価してもらったほうが、納税者にとって都合がいいのです。

　柴田さんが所有するアパートの評価は次の通りです。

　　坪当たり約400万円・敷地150坪

　　借地権割合……70％（借家権割合30％）、底地権割合……30％

　では、物納する場合の柴田さんのアパートの敷地の評価を求めてみましょう。

　まず、敷地評価は、路線価−（路線価×借地権割合×借家権割合）で求められますから、

　敷地評価（の更地に対する割合）＝1−（1×0.7×0.3）＝0.79

となります。

　全体の評価額では、

　400万円×150（坪）−（400万円×150×0.7×0.3）＝4億7400万円

　どうでしょう。更地の場合の評価額（6億円）よりもおよそ1億2600万円も安く評価されてしまうのです。柴田さんは、それでもかまわないと思っていたのですが、税務署は建物付では物納を拒否、「底地権でなら物納を認める」といってきたのです。底地権割合は30％ですから、

　底地評価＝400万円×150（坪）×30（％）＝1億8000万円

　更地で400万円×150＝6億円の評価で物納できた場合を考えると、あまりに差があるということになります。物納するにも、その土地の利用状況を勘案した上で、よく計算してから行うようにしましょう。

【ケース2　物納したいと考えていても、現金での納税をすすめられるケース】

> 　豊田敦さん（仮名）の父親は、小さな金属加工の工場を経営していました。相続が発生し、一人っ子である敦さんが、財産の大半を相続しました。相続財産の内訳は、工場の敷地、建物、その他の不動産、有価証券、経営に必要な資金（現金）です。税務署からは現金での納税を勧告されましたが、敦さんは、現金は工場の経営に欠かせないものなので、できれば不動産を物納したいと考えています。

　納税するときは現金が第一に優先されますが、考慮される事項が2つしかありません。

　1つめは、生活費の3ヵ月分と事業の運転資金の1ヵ月分の資金です。

　もう1つは、生活費や事業資金につき特段の事情があると認められるときに認められる臨時的な費用です。この費用を認めてもらうためには算定根拠の説明や資料の添付が必要になります。

　このように、これ以外の現金は納税に回すことになったり、分割で払えるようであれば延納により払うように勧告されることもあります。

　そのため、物納を申請したけれど却下される場合もあるわけです。

　却下されると「相続税物納却下通知書」が送付され、そこには却下された理由が記載されています。その理由には大きく3つあります。

　1つめは、金銭で支払える場合です。この場合は全額支払うか、却下の通知から20日以内に延納の申請ができます。

　2つめは、物納財産が管理処分不適当な財産または物納財産の優先順位を守っていない場合です。この場合は、却下の通知から20日以内に1度のみ再度他の財産につき物納申請できます。

　3つめは、それ以外の理由となり、この場合は、一度に支払うことになります。

Section 5

相続
ここをチェック!!

相続税の申告期限前（相続開始後10ヵ月以内）に期限のくるものは注意

●税理士からの一言

① 相続でなくても遺産分割を短期間で行うのは難しい作業です。

② 相続の放棄は、相続の開始を知ってから3ヵ月以内に行う必要があります。

③ 準確定申告（亡くなった人の確定申告）は、相続後4ヵ月以内に行う必要があります。

④ 相続してから12月31日までの財産は、相続人の分として申告しなければいけません（これを忘れている方が非常に多い）。

⑤ 相続後12月31日までに遺産分割がまとまらない場合は、法定相続分で確定申告をします。

⑥ 多くの人が、被相続人が青色申告をしていれば相続人も青色申告を継続して使えると思っています（間違い）。

ポイント 1

遺産分割を10ヵ月以内にすることは意外と難しい

　相続税の申告をする必要がある方は、必ず相続後10ヵ月以内に遺産分割協議をまとめる必要があります。10ヵ月というのはあっという間です。というのは、10ヵ月以内にするべきことは、遺産分割協議のほかにもたくさんあるからです。相続が発生したら、すぐに取りかかりましょう。

**相続の放棄は相続の開始を知っ
てから3ヵ月以内**

「先日、父が亡くなりました。相続人は私を含めて4人です。私は海外で暮らしており、相続の放棄をするつもりです。そのため遺産分割協議書には名前だけを記載するつもりです」

　上記のような相談をよく受けますが、相続の放棄については、下記のことに注意してください。

　①遺産分割協議にて、財産をもらわないことと相続を放棄することは同一でないこともあります（借金のみが残るようなケース）。

　②遺産分割協議にて財産をもらわないことは、あくまでも相続人同士の話し合いであり、外部の債権者（銀行など）とは関係がありません。

　③被相続人の財産内容に借入金がある場合は、原則、相続の放棄をしない限りは法定相続分相当額につき責任を負う必要があります。

　このように被相続人に債務がある場合は、当の本人は相続の放棄をしたいと思ってもそうならないこともあります。また、相続の放棄は相続の開始を知ってから3ヵ月以内に家庭裁判所に申し出る必要があります。

 **準確定申告は当然として相続人
としての申告も必要**

　申告の流れは、下図の通りです。

1月1日	5月31日 相続開始	12月31日
●	●	●

1月1日〜5月31日 ⟹ 被相続人の分として準確定申告
6月1日〜12月31日 ⟹ 相続人の分として確定申告

未分割での相続人の確定申告は注意が必要

ポイント4

　遺産分割協議がまとまるまでは、未分割の状態といえます。その未分割の状態での所得税の申告は注意が必要です。下記の例にて説明します。

例　1）不動産収入　年間4,800万円（月400万円）
　　2）相続開始日を6月30日とする
　　3）相続人は3人で法定相続分は1／3とする
　　4）遺産分割協議がまとまったのが翌年の2月1日とする

　準確定申告は相続開始後4ヵ月以内となります。一方、相続人としての申告は7月1日〜12月31日までについて申告する必要があります。税務上の取り扱いは下記の通りです。

　①相続開始後、遺産分割が確定するまでは、未分割として法定相続分通りに申告する必要があります。
　②したがって、相続人はそれぞれ1／3ずつの家賃収入を申告する必要があります。その結果、400万円×6ヵ月×1／3を申告する必要があります。

被相続人の青色申告は相続人に引き継がれない

ポイント5

　被相続人が青色申告であっても相続人に青色申告は引き継がれません。さらに、いまだ遺産分割が決まっていないケースでは下記のようにする必要があります。

　①相続があった場合の青色申告の申請期限は、相続後4ヵ月以内です（被相続人が青色申告でない場合は2ヵ月以内）。
　②いまだ遺産分割が決まっていない場合は、相続人が各人ごとにそれぞれ青色申告を申請するかまたは連名で申請します。

ポイント 6 取引相場のない株式については納税を猶予する特例あり

　2018（平成30）年の税制改正により、事業承継を支援するため、一定の取引相場のない株式等に関して、相続・贈与によって取得した株式については、相続税・贈与税の納税猶予の特例ができました。

　2018（平成30）年4月1日から2024（令和6）年3月31日までに特例承継計画を都道府県に提出すると、2018（平成30）年1月1日から2027（令和9）年12月31日までの10年以内に開始した相続・贈与によって取得した、下記の要件を満たすすべての株式等については、相続税・贈与税の全額が納税を猶予されるようになったのです。旧来の税制にはあった限度がなくなったわけです。

　この特例は先代経営者だけでなく、それ以外の個人株主、複数人からの承継も認められ、さらに最大3名までの後継者への承継も適用対象となります。

　対象となる会社の主な要件は、次のとおりです。

●非上場企業で中小企業であること。

●資産管理会社でないこと。

●総収入金額と従業員数が0でないこと。

　後継者の主な要件は、次のとおりです。

●相続の場合は、相続開始時に役員で、かつ相続開始から5か月後には社長であること。

●贈与の場合は、社長であり、18歳以上かつ役員就任から3年以上経過していること。

●後継者と親族で議決権数の50％を超え、かつ筆頭株主であること。

　雇用確保の主な要件は、次のとおりです。

●納税猶予を受けたあと、雇用を確保する必要があり、5年間を平均として相続・贈与時の雇用の80％以上を維持すること（税理士等の認定経営革新等支援機構が、都道府県に要件を満たせない理由を記載した一定の書類を提出した場合には、納税猶予は継続されます。つまり、実質的にこの要件は撤廃となる）。

Section 5

相続手続きの簡略化を担う法定相続情報一覧図！

ポイント7

　2017（平成29）年5月29日から、法定相続情報証明制度が始まりました。これは戸籍謄本の代わりに、法定相続情報一覧図という1枚の紙で相続関係を証明してくれるものです。

　預貯金、株式、不動産等の遺産を相続する人の名義に変更する際には、その相続関係を証明するために被相続人の出生から死亡までの戸籍謄本が必要となり、これらを揃えるのには多大な時間と労力を求められていました。

　しかし、本制度が始まったことで、一度法務局に法定相続の情報を登録しておけば、相続の手続きの際には法務局が発行してくれる法定相続情報一覧図を提出すれば済んでしまうのです。

　相続税の申告書に添付が必要だった戸籍謄本等も、この法定相続情報一覧表を添付すれば大丈夫です。おまけに、この法定相続情報一覧図の発行手数料はかかりません。

　実際の流れは、次の通りです。

ステップ1　戸籍謄本や住民票等必要書類を集める。

ステップ2　戸籍謄本から法定相続情報一覧図という、いわば家系図のようなものを作成する。

ステップ3　法務局がステップ2で作成した法定相続情報一覧図について、正しいものとして証明。

ステップ4　申出書を記入し、被相続人の本籍地や申出人の住所等を管轄する法務局へ行き、法定相続情報一覧図を請求する。

ステップ5　不動産名義変更、預金払い戻し等相続の手続きの際に、法務局にて法定相続情報一覧図の発行を受け、それをそれぞれの機関へ提出！

遺言の書き方と効力

　いよいよ最後の章になりました。ここではおもに遺言について扱います。自分の死後、身の回りの人たちにどう財産を分与していくか、それを決める力が遺言にはあります（遺言で行う相続分は指定相続分でしたね）。法定相続分にしたがうのが心もとなかったり、血族の遺産分割協議でトラブルが発生してしまうなどというケースが考えられるときはぜひ遺言で対策を練っておきたいものです。

遺言の残し方

Key Concept

> 遺言とは、自分が死んだあと、残された財産をどう分けるかの意
> 思を表したものです。その効力は法律も認めています。

　相続をめぐるトラブルを避けるために、遺言を残すというやり方があります。遺言は、自分の死後、自分の財産の分割についての意思を表したものです。人がその一生を閉じるときに最後に残した言葉を、法律はできる限り尊重しようとします。ですから遺言がいくつもある場合には、いちばん新しい日付の遺言だけが有効となります。

　遺言は、それを残した人が死んだときに効力を発揮するわけですから、その内容が本当に本人の意思であるかどうか、本人に確認できません。そのため、遺言を残す本人の意思を正確に伝え、遺言の偽造・変造を防ぐ意味でも、法律で厳格な方式が定められています。

　遺言の種類を大きく分けると**①普通方式の遺言**、**②特別方式の遺言**の2つがあります。

　普通方式の遺言は、さらに、Ⓐ **自筆証書遺言書**（➡ p212）、Ⓑ **公正証書遺言書**（➡ p214）、Ⓒ **秘密証書遺言書**（➡ p216）の3つに分けることができます。一般に遺言を残すときは、この Ⓐ ～ Ⓒ の3つのうちのどれかを選択することになります。特別方式の遺言は、死亡が緊急に迫ったときのように、普通方式の遺言を残せないようなときに選択できる方式です。

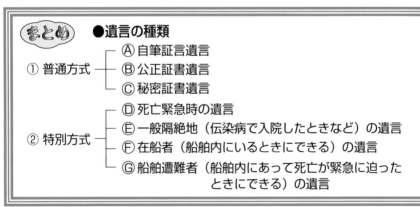

●遺言の種類

- ① 普通方式
  - Ⓐ 自筆証言遺言
  - Ⓑ 公正証書遺言
  - Ⓒ 秘密証書遺言
- ② 特別方式
  - Ⓓ 死亡緊急時の遺言
  - Ⓔ 一般隔絶地（伝染病で入院したときなど）の遺言
  - Ⓕ 在船者（船舶内にいるときにできる）の遺言
  - Ⓖ 船舶遭難者（船舶内にあって死亡が緊急に迫ったときにできる）の遺言

【普通遺言の3つの種類】

	自筆証書遺言書	公正証書遺言書	秘密証書遺言書
書く	本人	公証人 （口述筆記）	誰でもいい （本人が望ましい）
印鑑	実印、認印 拇印のうち いずれでもいい	本人…実印 （印鑑証明が必要） 証人…実印、認印 のいずれでもいい	本人…実印、認印 のいずれでもいい 証人…実印、認印 のいずれでもいい
証人	不要（本人）	証人2人以上	公証人1人と 証人2人以上
署名 捺印	本人	本人 公証人 証人のすべて	本人 公証人 証人のすべて
検認の 必要性	必要	不必要	必要
費用	無料	有料	有料
日付	年月日を記入	年月日を記入	年月日を記入
特徴	いちばん簡単な方法で秘密を守れるが、発見されない不安や、こっそり破棄されてしまう心配がある。	遺言書の保管は安心できるが、公証人と証人には内容が知られてしまう。	遺言の内容の秘密は守れるが、遺言の存在が公証人と証人に知られてしまう。

法律に基づいて行われるのが法定相続。
遺言に基づいて行われるのが指定相続。
被相続人が指定する相続ということです。

Section6　遺言の書き方と効力

② 遺言の書き方

Key Concept
遺言できる項目は10種類ほどあります。遺言では財産処分だけではなく子供の認知などもできるのです。

　遺言に書き記されたものは、すべてが法的効力を持つものではなく、次ページに挙げた10項目に限られます。

　そのおもなものは、財産の分割・処分に関するものですが、ほかに子供の認知や未成年者の相続人の後見人なども指定できます。

　財産の相続分については、民法で法定相続分が定められていますが、遺言で指定すれば、遺言の方が優先されます。

　たとえば相続人が妻と子供2人だったとき、法定相続分では妻が $\frac{1}{2}$、子供は $\frac{1}{4}$ ずつということになっています。遺言で相続分を指定することにより、長男が $\frac{1}{2}$ で、残りを妻とほかの子供で $\frac{1}{4}$ ずつ分けるというように、被相続人の意思を通すこともできるのです。

　ただし、配偶者、直系卑属、直系尊属には遺留分（➡ p26）があるので、その分だけは、相続人の権利として保護されます。

　それでは遺言にどんなことを書いても法的に効力があるのかというと、そうでもないのです。

　たとえば「葬式は質素に行うべし」「遺骨は散骨にしてほしい」といったことが書いてあったとしても、遺族たちはかならず守らなければならないというものではありません。遺言に書き記した、次ページの10項目以外のことについては、残された家族たちの意思にゆだねられることになります。

　では遺言は、いつから効力を発揮するのでしょうか？　それは、遺言を書き記した人が死亡して初めて効力を持つことになります。

　たとえば、遺言に、妻に家を与えるとあったとしても、その人間が死亡するまでは、妻にはその家に関してはなんら権利はありません。

　相続分の指定も、死亡したときに初めて効力を発揮することになります。遺言は何度書いてもよく、最後に書いたもののみが有効となりますから、したがって遺言の内容は、いくらでも変更できるということになります。

●法的に効力を持つ遺言の10項目

① **子供の認知**…婚姻届を出していない女性との間にできた子供との間に、法律上の親子関係を生じさせることができる。それによって、その子供に財産を相続させることができる。

② **遺贈**…法定相続人でない人に対して特定の財産や、財産の何割かを与えたり寄付したりするという意思表示ができる。

③ **相続の廃除と廃除の取消し**…相続人となる人の相続権をはく奪することができ、また、その取消しも行うことができる。

④ **後見人の指定**…相続人が未成年者であるときには、信頼できる人を後見人として指定できる。

⑤ **相続分の指定、指定の委託**…遺産の分割で、相続分を法定相続分と異なる割合で決めたり、その決定を第三者に委託したりすることができる。

⑥ **遺産分割の禁止**… 5年を超えない範囲で、遺産の分割を禁止することができる。

⑦ **遺産分割方法の指定、指定の委託**…どの財産を誰に相続させるというように、財産の分割を指定したり、その決定を第三者に委託することができる。

⑧ **遺言執行者の指定、指定の委託**…弁護士など、遺言を確実に執行してもらうために、執行者を指定できる。

⑨ **相続人相互の担保責任の指定**…相続人が取得した財産が回収不能になったとき、別の相続人にその分を負担してもらうことができる。

⑩ **遺言減殺方法の指定**…遺留分権利者から減殺請求されたとき、その減殺指定を行うことができる。

Section 6

③ 遺言書の保管と執行

Key Concept

被相続人が亡くなったあと、遺品を調べているうちに、遺言書が発見されました。この遺言書の処理の方法は？

公正証書遺言書は、公証人役場に一部保管されているので、偽造や紛失の恐れはありません。

遺言書の保管については、自筆証書遺言書と秘密証書遺言書について気をつけなくてはなりません。遺言書を作成したあと、自分で保管するケースと身近な人間に預けるケースとがあります。自分で保管する場合、遺言書があることを秘密にしておきたいがために、発見されにくい場所に隠しておくという恐れもあります。

そのため、遺言者の死後も遺言が発見されないままになってしまうことも大いに考えられます。

遺言書は、信頼のおける友人や弁護士に預けたり、銀行の貸し金庫に預けたりして保管しておくのがいいでしょう。信託銀行に保管しておくというのもひとつの方法です。

被相続人の死後、遺言書が見つかったときは、家庭裁判所に提出して、遺言書の内容のほか、用紙、枚数、書かれた筆記用具などを記録してもらう手続きをします。この手続きを「検認」といいます。検認は、遺言書が遺言の方式に合ったものかどうかを確認し、遺言書の偽造を防止し、保存を確実にするために行われます。

そのため封印されているときは、検認のとき、相続人立ち会いのもとで、家庭裁判所で開封することになっています。封印のある遺言書を勝手に開けたりしたら、過料に処せられることになっています。

遺産分割は、原則として遺言通りに行われます。この手続きを進行させる人が**遺言執行人**です。遺言執行人を、遺言によって指定してもよいし、また、指定されていないときは、家庭裁判所が選任することになります。相続人が遺言執行人になることもあります。

●遺言書が出てきたらどうするか？

遺言書

遺言書が見つかる

その遺言書がどんな遺言であるか？

自筆証書遺言書 秘密証書遺言書	公正証書遺言書

 検認の請求　　　　　　　　　検認は不要

家庭裁判所
・相続人の立ち会いのもと
　開封する。
・検認作業をする。

遺言書を執行する（遺産分割する）。

　　　　自筆証書遺言書や秘密証書遺言書はそ
れまでに公開していなかったから、被相
続人のものかどうかを確認するのに手間
がかかるわけだね。

自筆証書遺言書はこうして作る

Key Concept
自筆証書遺言書は、最もポピュラーな遺言書です。民法の改正により大変便利になりました。

　遺言書といったら多くの人が自筆証書遺言書を連想するのではないでしょうか？この方式は、「いつでもどこでもすぐ書くことができる」「証人をつける手間が不要」、といったメリットがあります。

　デメリットとしては、「発見されない恐れがある」、「死後に発見されても故意に隠されてしまう危険がある」、などの点があります。

　自筆証書遺言書を残すポイントは、次の４つです。

> ①自分自身で書く　②日付を記す　③氏名を明記する　④捺印する

　遺言の内容、日付、氏名は必ず本人が書かなければなりません。代筆、パソコンでは無効になります。

　日付は、遺言書を作成した年月日で、ゴム印は不可。日付のないものも無効になります。遺言書は、気が変わったら何度でも書き直してもかまいません。そのとき、最終的に書き記した遺言書1通だけが有効になります。

　捺印は実印が望ましいとされていますが、認印、拇印でもかまいません。また、民法の改正により、遺言書に添付する財産目録をパソコンで作成することも可能になりました。さらに、作成された遺言書を法務局に保管する制度も創設されました（➡ p220）。

　封印のある遺言書は、家庭裁判所において、相続人や代理人の立ち会いのもとで開封しなければなりません。これを検認（➡ p210）といい、偽造や変造を防ぐために行われます。紛失や発見の遅れはトラブルの原因になりがちなので、保管にも十分、注意しなければなりません。

　また、遺言書を見つけて検認前に勝手に開封したとしても、遺言自体は無効になりませんが、5万円以下の過料が科せられます。

【自筆証書遺言書の書き方例】

遺言書

遺言者、山田太郎は、左の通り遺言する。

一、左の不動産を妻・山田花子に相続させる。
（一）土地　東京都江東区〇〇五丁目九番二号所在
　　　宅地　二四五平方メートル
（二）建物　同所同番地所在
　　　木造瓦葺弐階建家屋
　　　床面積一八五平方メートル

二、左の定期預金を長男の山田一郎に相続させる。
〇〇銀行××支店の定期預金　全額

三、左の株式は、次男の山田次郎に相続させる。
△△物産株式会社株式　一二万株

××年四月十五日
東京都江東区〇〇五丁目九番二号
遺言者　山田太郎 ㊞

【遺言書の封筒の書き方例】

・表題は、「遺言」でも「遺言書」でもかまいません。

・文字は外国語でも認められます。

・封筒に入れなければならないという決まりはありません。

裏

封

××年四月十五日
山田　太郎

表

遺言書

⑤ 公正証書遺言書はこうして作る

Key Concept

遺言書の安全な保管をしたいのなら、公正証書遺言書を作成することです。ただし、内容は他人に知られてしまいます。

　自筆証書遺言書（→ p212）は、いつでもどこでも簡単に作成することができますが、死後、誰かに破棄されてしまう危険性があります。

　そこで安全で確実な公正証書遺言書を作成するという方法もあります。公正証書遺言書を作成するには、公証人役場へ行って公証人に依頼します。公証人役場は、電話帳などで調べれば所在がすぐにわかります。

　自筆証書遺言書にくらべ、安全で確実という分、多少の手間と費用がかかります。公正証書遺言書を作成するには、公証人役場へ二度、足を運ばなければなりません。最初の日は、遺言者の実印と印鑑証明書、遺言者と推定相続人の戸籍謄本、財産リストなどの書類を持っていきます。ほかにどんな書類が必要か、事前に公証人役場へ問い合わせておいてください。

　公証人役場に依頼すると、次回の日時が指定されます。その日に証人（一定の資格条件があります→ p217）2人以上を伴って公証人役場へ行き、公正証書遺言書を作成します。

 ●公正証書遺言書の作成までの手順

① 遺言を残したい人が、遺言の内容を公証人に口述で伝える
② 公証人が書き取り、遺言者と証人に読み聞かせる
③ 遺言者と証人が、公証人の筆記の内容について確認する
④ 内容に間違いないことが確認できたら、遺言者、証人が署名、捺印
⑤ 公証人が署名、捺印

　公正証書遺言書は、全部で3通作成します。1通は遺言者が保管、あとは公証人役場と公正証書倉庫に保管します。そのため、遺言書を紛失したり、破棄されたり偽造されたりする心配はありません。

　このメリットがある一方、遺言の内容を公証人や証人に知られてしまうというデメリットがあります。また、公証人に支払う手数料がかかります。

【公正証書遺言書の書き方例】

〇〇年〇〇号

遺言公正証書

遺言者、山田太郎の嘱託により、証人鈴木一郎、田中次郎の立ち会いのもと、左の遺言の趣旨を口述筆記しこの証書を作成する

一、遺言者はその所有する一切の財産を
　東京都江東区〇〇五丁目二番六号山田花子に相続させる

二、この遺言の執行者として東京都千代田区〇〇一丁目二番三号
　弁護士　中村一を指定する

東京都江東区〇〇五丁目二番六号

昭和10年10月10日生

遺言者　山田太郎

右は氏名を知らず面識もないので法定の印鑑証明を受けとって、人違いでないことを証明させた。

東京都港区〇〇一丁目一番一号

証人　鈴木一郎

東京都中央区〇〇二丁目二番二号

証人　田中次郎

右遺言者、証人に読み聞かせたところ、それぞれ筆記内容の正確なことを承認し、それぞれ署名捺印する

山田太郎 ㊞
鈴木一郎 ㊞
田中次郎 ㊞

この証書は民法第九六九条第一号乃乙土第四号に基づき作成し、同条第五号に基づき本職左に署名捺印する

××年四月十五日

東京都新宿区〇〇一丁目一番一号

東京法務局所属

公証人　渡辺三郎 ㊞

秘密証書遺言書はこうして作る

Key Concept
公正証書遺言書は、その内容を他人に知られてしまうデメリットがありますが、内容を秘密にする方法があります。

　自筆証書遺言書は、内容を他人に知られることなく書くことができますが、死後に発見されないことも考えられます。

　そこで秘密証書遺言書という遺言の残し方があります。ただし、書き方に少しでも不備があると法的に無効になってしまうので、注意が必要です。秘密証書遺言書は、次の手順に沿って作成していきます。

① 遺言書をまず書く（自分で書いても、他人に書いてもらってもかまわない。パソコンで打ったものでもよい）。**遺言者は、それに署名し、捺印する**（したがって署名以外は自筆でなくても可）。
② 作成した遺言書を封筒に入れ、遺言書に捺印したものと同じ印で封印する。
③ 遺言者がその遺言を持って公証人役場へ行き、公証人１人と証人２人以上の前で封筒を提出し、それが遺言であること、住所、氏名、遺言を書いたのは誰か（署名以外は自筆でなくても良いため）を申し述べる。
④ 公証人は、遺言書の提出された日と遺言者が申し立てたことを封筒に記入。その後、遺言者、証人とともに署名、捺印する。
⑤ 遺言書は、遺言した人自身が保管する。

　秘密証書遺言書は、公正証書遺言書のように公証人役場で保管してくれることはありません。そのため、保管には十分気をつけなければなりません。遺言は遺言者が保管するのが基本ですが、相続人に保管させるという方法もあれば、遺言の内容とは全く利害関係のない弁護士や遺言執行人、あるいは銀行の貸金庫に保管するという方法もあります。

　相続があったとき（＝遺言者が死亡したとき）、相続人は秘密証書遺言書を家庭裁判所に提出し、検印を受けます。そして後日、家庭裁判所で、相続人全員の立ち会いのもとで、開封します。なお、証人にはなれない人（➡ p217）が証人であった場合は無効なので注意が必要です。

●秘密証書遺言書の作り方と開封

作成

遺言書を書く（自筆でなくても可）
遺言書を封印する
遺言書を公証人役場へ持参する
遺言者、証人、公証人がそれぞれ署名
と捺印する

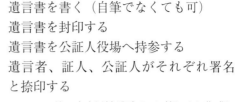
※注　本人以外がパソコン等により作成し
た遺言書を自分が作成したと言ったため
無効となった判例があります。作成者に
ついても偽ってはいけません。

保管

遺言書は遺言した本人が保管する

開封

家庭裁判所で相続人全員立ち会いのも
と開封する

●証人（立会人）になれない人

・未成年者
・成年被後見人（心神喪失により、親族の請求により家庭裁判所
　から宣告を受けた者）
・被保佐人（心神耗弱者、浪費癖などの理由により、親族の請求
　により家庭裁判所から宣告を受けた者）
・推定相続人、受遺者（遺言により財産を受けつぐ人間）および
　その配偶者、直系血族
・公証人の配偶者、四親等内の親族、雇用関係のある者など

　実際の相続という場面では、相続人が複数いるときなど、さまざまな問題がでてきます。相続人同士でしこりを残すことなく、より円滑に問題を解決するためにはどうしたらよいか考えていきましょう。

Q　申告期限までに遺産分割協議がまとまらないときはどうしたらいいのですか？

A　申告期限の10ヵ月までに、遺産分割協議がまとまらないときは、「未分割の申告」を行います。未分割の申告とは、各相続人が法定相続分を相続したものとして、いったん納税するのです。そのあとで、話し合いを継続するわけです。話し合いがまとまったところで、修正申告をするというものです。

　この際、注意しなければならないのは、未分割の申告をしたときには、配偶者にだけ認められている税額軽減措置が適用されなくなってしまうということです。その後の話し合いでもまとまらないときには、調停に持ち込むしかありません。

Q　相続人が遠くに住んでいるときはどうしたらいいのですか？

A　遺産分割協議の段階になって、相続人が遠く離れたところや、あるいは外国に居住しているケースも考えられます。そのとき、相続が発生したからといって、一堂に相続人が集まるのが困難なことも多いようです。

　結論からいうと、協議書作成においては、相続人が集まらなければならないということはありません。電話やメール、手紙のやりとりですませられれば、それでOKです。

Q　遺言書にはかならずしたがわなければならないのですか？

A　結論からいうと、かならずしもしたがわなくてかまわないといえます。たとえば、兄弟の中

で、1人だけ優遇を受けるのは、その後の人間関係を考えてマイナスになるというので、一部の財産を放棄することもできるのです。

相続人全員が、遺産分割協議で納得すれば、遺言と内容が異なる遺産の分割をしてもいいのです。

Q 遺言は口頭でも認められるのですか？

A 遺言は書面にしたものでなければ、効力を発揮しません。臨終の床から、「この財産は長男に譲る」といっても、遺言として認められないのです。たとえ、弁護士などの証人がいたとしても、それは同じことです。

カセットテープに遺言を録音したとしても、法的には、遺言としての効力は全くありません。

Q 相続人が行方不明のときはどうしたらいいのですか？

A 行方不明の相続人を抜きにして遺産分割協議書を作っても、効力はありません。まず、行方不明になって7年以上たっているときは、裁判所に失踪宣告を申請することによって、遺産分割協議からはずすことができます。その相続人は、死んだものとみなされるのです。

失踪して7年未満のときは、裁判所に行方不明の相続人の相続財産管理人の選定を申し立てます。行方不明の相続人の代わりに、その相続財産管理人が、遺産分割協議に参加することになります。

Q 遺言書が2通でてきたときはどうしたらいいのでですか？

A 遺言書が2通以上あったときは、いちばん新しい遺言書が効力を発揮します。遺言の取消しや変更が認められているため、新しい遺言書が、その前の遺言書の内容を変更したものとして扱われるのです。

相続 ここをチェック!!

ポイント 1 **自筆証書遺言がもっと身近に簡単に 作成できるようになります!**

　これまでの法律において自筆証書遺言は、遺言者によって遺言書の本文・氏名・日付のすべてが自書されていなければいけません。しかし、今回の法改正により遺贈等の対象となる財産目録を作成する際には、自書によるものでなく、たとえばパソコン等によって作成されたものでも認められます（平成31年1月施行）。ただし、自書以外の方法で作成したものについては、全ページに遺言者の署名と押印が必要になります。

　現在、公証役場で保管される公正証書遺言とは異なり、自筆証書遺言は貸金庫等を利用して自分で保管したり、弁護士や行政書士に保管を依頼しますが、相続発生後に遺言の所在がわからなくなるなど、発見が遅れてトラブルになることも少なくありません。

　自筆証書遺言の保管手続きには本人確認書類等も必要となりますが、法務局で内容の確認がされますので、封を必要としません。ここが重要な点です（保管手続き制度は令和2年7月施行）。

　というのも、法務局にて提出された自筆証書遺言が、法律上の要件を形式的に満たしているかの確認が行われるのです。したがって、この改正法が施行される前であれば、公正証書遺言以外の自筆証書遺言や秘密証書遺言は家庭裁判所で検認手続きを行う必要がありますが、施行後は法務局で保管した自筆証書遺言について、検認手続きが不要になるのです。

　法務局では遺言書の原本の保管だけでなく、その内容を画像としてデータ化して保存してくれます。遺言書をデータ化することによって、死亡後、相続人等は全国の法務局で遺言書の有無や内容の確認が可能

になります。遺言書の原本の閲覧や画像データの確認の申請が行われると、法務局からすべての相続人に対して遺言書を保管していることが通知されます。

保管の手続きは、下記の場所を管轄する法務局で行います。

①遺言者の住所　②遺言者の本籍地　③遺言した不動産の所在地

このように自筆証書遺言の保管制度では遺言書が保管されるうえ、所在もわかるようになります。改ざんの恐れもなく、亡くなったあとの手続きがスムーズになることが期待されます。また、遺言書の書き直しが必要になった場合には、すでに保管している古い遺言書を撤回して、新しい遺言書に差し替えることもできるので安心です。

遺留分の支払は現金での請求が可能に！

遺言書の内容をめぐって争いが起きることがあります。一番の理由は、遺留分に満たない相続人がいる場合です。

たとえば、遺言書の内容が「母に8,000万円の自宅の土地建物」「長男に4,500万円の預金」「次男500万円の預金」というケースで考えてみましょう。このケースでは、次男の最低限の取り分である遺留分は全体の8分の1ですから、

13,000万円×1/8 ＝ 1,625万円

と、遺言上の分配額である500万円よりも1,125万円多くもらう権利があります。つまり、次男は母と長男に対して、この遺留分に関して不足分を請求できるわけです。

ここで問題となるのは、これまでの民法では遺留分の請求は、現物の返還であるため、すべての財産が相続人たちの共有財産となってしまうことです。したがって、このケースでは、母の自宅の土地建物、長男の預金は相続人たちの共有財産となってしまいます。

そのため、分割方法等をめぐって協議が長期化することは避けられ

ません。今回の改正では、こういった遺産分割の長期化を防ぐため、遺留分の請求は現物の返還ではなく、当初から現金（金銭債権）による請求もできるようになりました（令和元年7月施行）。

亡くなる10年以上前に贈与したものは遺留分の対象外に！

これまでの法律では、相続財産の遺留分を計算する際に、相続人に対して行われた贈与は何年でもさかのぼって遺留分の計算に含めることとされていました。しかし、この時間的制限なく、果てしなくさかのぼるというルールがトラブルにつながるケースも、数多くありました。

たとえば、父が20年前に長男へ500万円の株式を贈与したとします。20年経って父が亡くなり、長男と次男で相続財産の分割を決める際に、次男は20年前に贈与された長男の株式に関して、遺留分を請求（遺留分減殺請求）することができます。遺留分の計算はその財産の現在の価格に基づいて行われるので、20年前に500万円だった株式が現在1,000万円まで価格が上がっていた場合、この1,000万円を基に計算が行われます。これによって、長男は次男から多額の遺留分を請求されてしまう可能性が出てきてしまいます。

今回の改正では、遺留分の計算に含めるものは、他の相続人の遺留分を侵害し、損害を与えるとわかっていながら行った贈与を除き、亡くなる前10年以内に贈与されたものに限定されます（令和元年7月施行）。

うまく活用すれば財産を取得させたい人をコントロールできるようになり、遺産相続のトラブル回避にもつながります。財産を贈与してから10年経てば、その財産につき、ほかの相続人から遺留分を請求されずにすむようになるのです。

次に当てはまる人は、活用しましょう！

●将来、長男に自分の会社を任せたいので、自社株をすべて長男に贈与したい。

●いろいろと面倒をみてもらった長女に財産を多く相続させたいが、ほかの兄弟ともめてほしくない！

特別寄与請求権が創設され相続人以外の親族が請求可能に！

これまでは相続人ではない親族が被相続人への介護等に尽力していても、その人に寄与分として遺産を分け与えることはできませんでした。これではあまりにも不公平ということで、改正相続法により特別寄与請求権が創設されました。

法改正により令和元年7月から、相続人でない親族が被相続人へ無償の介護等に多大な貢献をした場合、特別寄与者として特別寄与料を金銭で請求できるようになりました。特別寄与者が遺産を相続するのではなく、相続人に対して金銭を請求できるしくみです。

ただし、特別寄与料は遺産分割協議の中で決めます。そのため、相続人でない人も遺産分割協議に加わったときに、素直に相続人が特別寄与料を認めるのかという問題がある点には留意が必要です。

被相続人の預貯金の一部引き出しが可能に！

これまでは原則として、預金者が亡くなるとその預金は凍結され、出入金ができなくなりました。それでは遺された家族が当面の生活費や葬儀費用に困ることもあるため、銀行の裁量で必要な書類（除籍謄本、戸籍謄本、相続人全員の印鑑証明書、通帳、キャッシュカード、届け出印、支払目的の見積書等など）を提出すれば、預貯金を引き出せるようにしていました。ただし、この方法は相続人全員の同意が必要で、手続きにかなりの時間や手間がかかります。

改正後、令和元年7月から遺産分割協議の成立前に被相続人の預貯金の一部引き出しが可能になりました。①家庭裁判所の判断による引き出し、②金融機関への直接依頼による引き出し、という2つの方法があります。どちらも相続人全員の同意は必要なく、各相続人が単独で申請できる点がポイントです。また、②の場合、1つの金融機関につき「口座ごとの預貯金額×1/3×法定相続分」が限度額となります（ただし、金融機関ごとに150万円が限度）。

※各制度の詳細や具体的な手続き方法については、お近くの税務署や金融機関、専門家などにお問い合わせください。

Section 6

【側方路線影響加算率】
→角地の修正に適用

地区	加算率	
	角地の場合	準角地の場合
ビル街地区	0.07	0.03
高度商業地区 繁華街地区	0.10	0.05
普通商業地区 併用住宅地区	0.08	0.04
普通住宅地区 中小工業地区	0.03	0.02
大工場街地区	0.02	0.01

＊準角地とは、路線が一系統でありその
屈曲部分に当たる地（曲がり角など）

【二方路線影響加算率】
→２路線間の宅地修正に適用

地区	加算率
ビル街地区	0.03
高度商業地区 繁華街地区	0.07
普通商業地区 併用住宅地区	0.05
普通住宅地区 中小工場地区 大工場地区	0.02

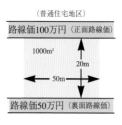

（普通住宅地区）

路線価100万円（正面路線価）

1000m²
20m
50m

路線価50万円（裏面路線価）

①1m²当たりの評価
　正面路線価×奥行価格補正率＝基本価額
　100万円×1.0＝100万円
　裏面路線価×奥行価額補正率×二方路線影響加算率
　＝加算金額
　50万円×1.0×0.02＝10,000円
②評価額
　101万円×1000m²＝1,010,000,000円

【間口狭小補正率】 →間口の狭い土地に適用

間口距離(m) ＼ 地区区分	ビル街地区	高度商業地区	繁華街地区	普通商業・併用住宅地区	普通住宅地区	中小工場地区	大工場地区
4未満	—	0.85	0.90	0.90	0.90	0.80	0.80
4以上6未満	—	0.94	1.00	0.97	0.94	0.85	0.85
6以上8未満	—	0.97		1.00	0.97	0.90	0.90
8以上10未満	0.95	1.00			1.00	0.95	0.95
10以上16未満	0.97					1.00	0.97
16以上22未満	0.98						0.98
22以上28未満	0.99						0.99
28以上	1.00						1.00

【奥行長大補正率】

奥行距離 ＼ 間口距離	高度商業地区	繁華街地区	普通商業地区	併用住宅地区	普通住宅地区	中小工場地区	大工場地区	ビル街地区
2以上3未満	1.00				0.98	1.00		
3以上4未満	0.99				0.96	0.99		
4以上5未満	0.98				0.94	0.98	1.00	1.00
5以上6未満	0.96				0.92	0.96		
6以上7未満	0.94					0.94		
7以上8未満	0.92				0.90	0.92		
8以上	0.90					0.90		

【計算例】

・側方路線影響加算率を適用する（普通商業地区）

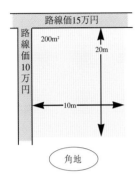

路線価15万円

路線価10万円

200m²

20m

10m

角地

▶ 基本額
150,000円（正面路線価）×1.00（奥行価格補正率）
＝150,000円
100,000円（側方路線価）×0.99（奥行価格補正率）
×0.08（側方路線影響加算率）＝7,920円
　　　　　　　　　　　　　　加算全額

▶ 1m²当たりの価格
150,000円＋7,920円＝157,920円

▶ 評価額
157,920円×200m²（面積）＝31,584,000円

・二方路線影響加算率を適用する（ビル街地区）

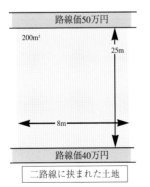

路線価50万円

200m²

25m

8m

路線価40万円

二路線に挟まれた土地

▶ 基本額
500,000円（正面路線価）×0.95（奥行価格補正率）
＝475,000円
400,000円（裏面路線価）×0.95（奥行価格補正率）
×0.03（二方路線影響加算率）＝11,400円
　　　　　　　　　　　　　　加算全額

▶ 1m²当たりの価格
475,000円＋11,400円＝486,400円

▶ 評価額
486,400円×200m²（面積）＝97,280,000円

税務調査のポイント

①被相続人の職歴、趣味を聞かれます（被相続人の貯蓄額や財産の嗜好を推定するため）。

②生前の生活費の管理者から、貯蓄状況の確認をとります（生活費の管理者に多額の資金が流れていないか調べるため）。

③金庫や通帳の保管場所を確認し、隠している財産がないか確認します（保管場所に、申告書に記載されている財産以外のものがないか調べるため）。

④被相続人の預金通帳の流れの中で金額の大きいものは、その使途を聞かれます（相続人に資金が流れていないかどうか確認するため）。

⑤預金通帳の銀行印のチェックが行われます。被相続人と同一のものである場合は、その通帳の管理者、実質所有者の認定が問題になります。

付録3　贈与税の速算表

毎年110万円（基礎控除）を超えた贈与については、次の速算表を使って贈与税を計算します。贈与税を見積もるときの参考にしてください。

直系尊属→18歳以上の者の場合			左記以外で通常の贈与の場合		
基礎控除後の課税価格	税率	控除額	基礎控除後の課税価格	税率	控除額
200万円以下	10%	－	200万円以下	10%	－
400万円以下	15%	10万円	300万円以下	15%	10万円
600万円以下	20%	30万円	400万円以下	20%	25万円
1000万円以下	30%	90万円	600万円以下	30%	65万円
1500万円以下	40%	190万円	1000万円以下	40%	125万円
3000万円以下	45%	265万円	1500万円以下	45%	175万円
4500万円以下	50%	415万円	3000万円以下	50%	250万円
4500万円超	55%	640万円	3000万円超	55%	400万円

さくいん

228

●監修者紹介

藤井 和哉（ふじい・かずや）

税理士・一級ファイナンシャル・プランニング技能士
昭和47年、群馬県前橋市生まれ。慶応義塾大学経済学部卒業。
数々の公認会計士、税理士事務所、コンサルティング会社を経て、平成12年に藤井和哉
税理士事務所を開設。銀行、生命保険会社、ハウスメーカー、証券会社等での「相続」
「事業承継」に関する数多くの案件をこなす。
また「相続」「事業承継」に関するセミナーを年間30回以上開催。個人の資産家のみな
らず、中小企業の事業承継と法人税のタックスプランニング、経営コンサルティングを
交えて指導を行っている。

益田 英司（ますだ・えいじ）

税理士法人藤井会計事務所副所長

小高 直紀（おだか・なおき）

税理士法人藤井会計事務所
資産運用コンサルタント

本書の内容に関するお問い合わせは、**書名、発行年月日、該当ページを明記**の上、書面、FAX、お
問い合わせフォームにて、当社編集部宛にお送りください。**電話によるお問い合わせはお受けしてお
りません。**また、本書の範囲を超えるご質問等にもお答えできませんので、あらかじめご了承ください。

　FAX：03-3831-0902
　お問い合わせフォーム：https://www.shin-sei.co.jp/np/contact-form3.html

落丁・乱丁のあった場合は、送料当社負担でお取替えいたします。当社営業部宛にお送りください。
本書の複写、複製を希望される場合は、そのつど事前に、出版者著作権管理機構（電話：
03-5244-5088、FAX：03-5244-5089、e-mail：info@jcopy.or.jp）の許諾を得てください。
JCOPY ＜出版者著作権管理機構 委託出版物＞

図解 わかる 相続・相続税	
2023年7月15日　改訂第7版第1刷発行	
監 修 者	藤 井 和 哉
発 行 者	富 永 靖 弘
印 刷 所	株 式 会 社 高 山
発行所	東京都台東区　株式　株式会社 新星出版社 台東2丁目24　会社 〒110-0016　☎03（3831）0743

©SHINSEI Publishing Co., Ltd.　　　　　　Printed in Japan

ISBN978-4-405-10427-3